未來趨勢學習 101

我們的女兒怎麼了？

心理學博士給家長的解憂指南，陪伴現代青少女與壓力共處，化解焦慮，度過情緒平衡的快樂青春期

Under Pressure: Confronting the Epidemic of Stress and Anxiety in Girls

麗莎・達摩爾博士（Lisa Damour）◎著
曾倚華◎譯

高寶書版集團

致我的女兒，以及你的女兒。

在未來，焦慮是否存在、焦慮的形式和程度已經不能用來預測心理健康狀況與疾病。在這方面，應對焦慮的能力是唯一重要的標準。每個個體的差異都相當大，保持心理平衡的機會也有所不同。

整體心理狀態比較好的孩子，在同樣的危險情況下，大多會選擇積極應對，尋找資源渡過難關。例如以理性的角度理解、以邏輯分析，或是改變外在條件等，而不是退卻。

——安娜・佛洛依德（西元一九六五年）

目錄
Contents

推薦序／陳安儀

《我們的女兒怎麼了？》這本書一共有六章，只看完前兩章，我就有一股衝動，想要建議編輯把書名改為「女人必備紓壓寶典」！因為這本指導家長「陪伴女兒化解焦慮、與壓力共處、讓情緒平衡，度過快樂青春期」的書，無疑地對成年女性紓解壓力也有莫大的功用——不僅能幫助女兒，也能幫助自己。

在現代社會中，女性一直承受著比男性更大的壓力：女兒總是更努力滿足大人的期待、女生比男生更重視學業成績、女兒比兒子更在意自己的外表、十二至十七歲的女孩憂鬱症比例是男孩的三倍！這也難怪，我身邊有許多朋友的女兒身陷憂鬱的漩渦：女孩太容易把時間花在感受緊張與不愉快上。

然而，達摩爾博士在《我們的女兒怎麼了？》開宗明義便告訴我們，「焦慮是一種保護機制」——健康的壓力和焦慮能提醒我們解決問題並且鍛鍊我們的心智。即便當壓力和焦慮到達有害程度時，也有許多心理學領域的方法能幫助減緩。只要我們能事先知道哪些是容易困擾女兒的事、做好適當準備，就可以更輕鬆地協助女兒（或是自己）度過難關。

接下來，達摩爾博士用非常深入淺出的方式，配合許多真實案例，教導我們如何「認知」女兒壓力和焦慮的來源、指導他們如何「接納現況」、尋求「適合的資源」解決問題。此外，更提出許多簡單易懂、非常實用的情緒處理小技巧，例如「方塊呼吸法」、「亮片冷靜瓶」、「最壞狀況」、「收集情緒垃圾」、「圓餅分析」、「同理的說話技巧」以及「柱子回應法」……去面對女孩與家庭、與學校、與同性、與異性、與文化中常常出現的問題、情緒與衝突。

我非常扼腕這本書沒有早幾年出版，否則我在女兒國高中發生數次嚎啕大哭、崩潰事件時，就可以處理得更好、更有耐心地陪伴她；然而我也慶幸自己這幾天讀完了這一本書，讓照顧長輩、家庭、工作三頭燒的自己及時覺察焦慮及壓力，以博士的建議調整作息、找到平衡焦慮的方法。

《我們的女兒怎麼了？》是一本可以輕鬆閱讀，然後立刻獲得許多妙方處理情緒和壓力、解決焦慮的好書。不但適合拿來當作教養、陪伴女兒的良方，也是幫助女性自己的實用好書。我已經決定，把這本書當作送給二十歲女兒的禮物，我相信一定可以幫忙她成為更健康、更開心的女孩！

序

在十一月一個寒冷的星期一午後，我和艾莉卡以及她憂心忡忡的母親珍娜進行了一場緊急心理治療。艾莉卡是一名七年級學生，過去幾年間，她時不時會來我這裡看診。那天早上，珍娜打電話到我的診所，說艾莉卡被焦慮壓垮了，拒絕去學校上課。

「艾莉卡上個週末過得很不好。」珍娜在電話那頭解釋。「她有一個大型團體報告的交期快要到了，但因為人際關係出了些狀況，所以搞砸了。」接著她又補充，過去兩週以來，她的女兒都沒有吃早餐，因為她每天早上起來時都沒有胃口，要到中午才會好轉。我在電話上聽出珍娜正在哭，她繼續說著：「我不敢相信她今天居然沒去學校，但我不知道要怎麼樣才勸得動她。我跟她說她不用自己搭公車，我可以載她，但她看起來像要被載去上戰場一樣。」

我擔心地問道：「你們今天能過來嗎？」

「可以，我們必須過去。」珍娜說。「她必須去上學才行。我今天下午有個不能錯過的會議，我們能在那之後過去嗎？」

「當然，別擔心。」我懇切地說。「我們會想辦法的，我們會找出這件事真正的原因。」

有些事情已經改變了。焦慮一直都是人生的一部分，也是長大的一部分。但是近年來，對艾莉卡和許多年輕女性而言，焦慮似乎已然失控。我身為心理學家已超過二十年，在這段時間裡，我在診所和研究中看到女孩們越來越緊繃。我每週會在社區的一間女子學校客座，也不時在全美及世界各地旅行，和學生們近距離接觸、辦講座。在這些過程中，我也聽到不少女孩們提到，她們承受的壓力越來越大。

在工作上，我有幸能從許多層面觀察、了解女孩們。在家時，我又從自己的兩個女兒身上，得到以母親角度為出發點的另一種觀點。我的生活圍繞著女孩打轉，如果我不是在和她們相處，就是在和老師、小兒科醫生或是心理學家同事們討論她們的狀況。在過去幾年裡，我和同事們花越來越多時間討論我們遇到的年輕女性，她們被壓力壓垮或感到極度焦慮。我們也知道，以前並不是這樣。

值得警覺的是，我們每天密切觀察到的狀況透過地毯式調查得到了證實。美國心理協會在不久前發表了一篇報告，發現青春期已經不是活力十足的人生階段，充滿無憂無慮的嘗試。除了在暑假期間外，現代青少年的壓力指數有史以來第一次比他們的父母還要高。他們也經歷情緒與生理上的慢性緊張感，例如不安和疲憊，但我們以往只會在成人身上看到這樣的強度。許多研究也指出，經歷情緒問題與極度焦慮的青少年人數正在逐漸攀升。

但這個趨勢對我們兒子和女兒的影響並不相同。

女孩受比較多苦。

一篇篇的研究都證實，女孩比男孩承受了更多心理壓力與緊張。最近一項研究顯示，百分之三十一的女孩與年輕女性有焦慮症狀，但男孩與年輕男性只有百分之十三。研究發現，相較於男孩，女孩更容易感受壓力，也承受更多心理壓力帶來的生理現象，像疲憊和食慾的變化。年輕女性也更容易感受到與焦慮相關的情緒。一項研究發現，時常感到緊張、擔心或害怕的青少女，在西元二〇〇九年到二〇一四年這段時間中，人數躍升了百分之五十五。而同一段時間裡，男生的數據卻沒有改變。另一項研究則發現，雖然焦慮感在年輕族群中變得越來越普遍，在女性族群裡卻成長得更快。

焦慮狀況的性別傾向也反映在不斷上升的憂鬱症中，憂鬱症診斷可以作為整體心理壓力的評估指標。在二〇〇五至二〇一四年間，有憂鬱困擾的青少女比例從百分之十三上升至百分之十七，男孩的比例則是從百分之五變成百分之六。我們實在不樂見女孩或男孩有情緒困擾，但我們更應該注意的是，十二至十七歲的女孩罹患憂鬱症的比例幾乎是男孩的三倍。

不同性別在壓力症狀上，從中學時代開始表現出不平衡，但沒有隨著高中畢業典禮一起結束。美國大專院校健康協會發現，大學部的女性在過去一年裡感到被焦慮壓垮的比例比男性多出了百分之四十三。相較於男性大學生，女性大學生更常感到疲憊與打擊，感受到的整體壓力等級也比較高。

這樣的數據會立刻引起我們這些心理學家的注意。我們通常會保持適當的懷疑態度，想知道覺得被逼到極限的女孩人數是**真的**有戲劇化的改變，或者我們只是越來越擅長發現過去一直都存在的問題。但研究這些問題的學者發現，我們不只是終於意識到過去長久被忽視的危機。現有的證據告訴我們，我們真的面臨了前所未有的狀況。這些研究並非指出女孩只是比過去更願意告訴我們自己正在受苦，事實是，女孩現在的狀況的確變得更艱辛了。

專家為在女孩群體中流行起來的緊張情緒做出了幾個可能的解釋。舉例來說，研究發現女孩比男孩更容易擔心自己在學校的表現。我們的女兒總會努力滿足大人們的期待，這已經不是新聞了，但我現在更常聽到的是：女孩怕讓老師失望，所以她們犧牲睡眠時間，為了她們不需要的分數做更多的作業。研究也指出，我們的女兒比兒子更在意自己的外表。雖然青少年一直都會不時對自己的外表感到高度焦慮，我們現在所撫養的下一代，卻是第一個會花數小時瘋狂經營社群網站，貼出小心翼翼修圖過的自拍，希望能獲得越多愛心越好的世代。此外，也有研究發現，女孩比男孩更容易受到網路霸凌、更容易被困在同儕造成的情緒創傷中。

有些性別因素也只會發生在女孩身上。女孩通常會比男孩更早進入青春期，而青春期開始的年齡還在不斷下降中。現在，看見一名小學五年級的學生擁有成年女性般的身體已經不是什麼新聞了。更糟的是，女孩在發育的同時，不斷被各種圖像暗示，接收強烈而明確的訊息：女性的價值多半是由她們的性徵所決定的。此外，隨處可見的廣告經常使用年輕女性的形象，例如那些用「淘氣女學生」視角出發的廣告，或是將她們設定為目標消費者，向七到十歲的女孩推銷丁字褲和集中托高的比基尼。在過去幾年裡，這些圖像至少被限縮在傳統的廣告媒介中。現在，女孩們只要上IG，就可能看見自己的六年級同學貼出的鹹濕自拍。

這些普通的解釋雖然讓人驚訝，但或許能夠幫助我們了解女孩為什麼比男孩感受到更多壓力。不過，知道女孩面對的特殊困境，並不代表我們知道該如何處理。

如果你正在讀這本書，也許你已經試過許多方式，想減少女兒的焦慮、讓她快樂一些。你向她保證不需要太擔心考試的分數，或是要她想辦法忽視那些令她受傷的網路閒聊。你也告訴她你覺得她很美，或是外表並不重要（大部分關愛孩子的父母都說過這兩句話！包括我自己）。你教過她，對於社會文化傳達「女孩的價值建立在外表上」的訊息，必須保持質疑與批判的態度，你也想辦法限制她在社交網站上張貼或瀏覽數位影像的時間。儘管如此，不論你多努力，你也許仍會發現，自己的女兒花了太多的時間在感受緊張與不愉快。

這本書檢視了許多讓女孩們神經緊繃的外力，也提供一些建議，讓我們能幫助自己的女兒感覺更自在。我會敘述我從持續發展的文獻、我的心理治療病患、同事、女學生以及我自己的女兒身上所學到的事，幫助我建立保護年輕女性遠離傷害性壓力與焦慮的步驟。我會用工作上的案例說明想法，但我已經修改了有辨識性的細節，我也將一些案例結合在一起，以保護分享者的隱私。

在這本書的開頭，我們會先探討壓力與焦慮的成因。接著，我們會討論緊張感是如何滲入女孩生活的各個層面。在每一個章節，我們會檢視我們的女兒經常遇到的困境，來自家庭生活、與其他女孩之間的互動、與男孩之間的關係、學生角色以及在大文化中的定位等。作為家長，我們或許會希望為孩子清出一條沒有任何障礙的道路，但是從牙牙學語到長大成人，沒有一條路是無壓力的。就算我們能做到，以長遠的觀點來看，這對我們的孩子也沒有益處。如果我們知道未來有哪些壓力因子在等著女兒，我們也許比較能夠放心。

當我們對女孩成長中會遇到的困境有些概念，在女兒感到心煩時，我們就可以提供更有幫助的回應。而我們的回應對女孩的擔憂與恐懼會有很大的影響。當你年幼的女兒跌倒擦傷膝蓋時，她會先看看自己的膝蓋，然後看看你的臉。如果你的表情鎮定，她立刻就會覺得好多了。如果你把她一把抱起，送到急診室，她就會產生不必要的恐懼。對於普通程度的難題，如果我們的反應太過警覺，會讓這些難題更嚴重，甚至讓女孩的壓力與焦慮更不健康。因此，這本書不單單指出女孩與年輕女性會面對的困境，也會提供策略，幫助你在女兒覺得自己就要分崩離析的日子中給予她肯定，也能在她準備好時給她自助的能力。

許多伴隨成長出現的壓力因子早已存在許久，不過有一些卻前所未見，像是無孔不入的數位科技以及越來越緊繃的大學申請流程。我們會探討家長該如何幫助女兒有效面對各種新舊挑戰。這本書應該能讓你的女兒感到不那麼焦慮，但並不能取代對可以診斷的心理問題所進行的治療。如果你的女兒已經深受焦慮之苦，你應該和她的醫師或領有執照的心理諮商師討論治療方案，為她找出最可行的方法。

本書探討的是女孩與生俱來的重擔，但某些守則也適用在養育男孩。以數據來看，我們的女兒的確比兒子更容易感到焦慮，但許多男孩也在面對緊張感與壓力。雖然這本書透過性別的角度探討心理壓力議題，但我們同時也會提到經濟不穩定與弱勢地位是怎麼讓女孩遭受的困境雪上加霜。

關於我們女兒所面對的精神與情緒壓力，並沒有輕鬆的答案，也沒有速成的解決方式。透過鉅細靡遺的全盤了解，或許能打開一扇門，讓我們找到新的方式解決問題。我們深愛自己的女兒，不願見到她們受苦，而我們能做的事有很多，能幫助她們在面對已知的挑戰時，感到更快樂、更健康、也更放鬆。

讓我們開始吧。

壓力與焦慮

Chapter 1

我有個好消息。其實，我有兩個很棒的消息。首先，壓力與焦慮並不是全然負面的存在。如果沒有它們，你就無法茁壯。理解這兩者健康與不健康型態的差別，就能夠改變你幫助女兒面對緊張的方式。第二，當壓力與焦慮真的達到有害的程度時，心理學領域有許多方法能幫助減緩。如果我對同事進行一場非正式調查，絕大多數的心理學家確實都會同意，我們已經逐漸了解壓力與焦慮的根源以及內在運作方式。因此，當人們的精神壓力超出掌控時，我們可以提供許多控制壓力的方法。

綜觀來說，這兩項令人快樂的事實代表你可以放輕鬆點，不用過度擔心女兒的壓力與焦慮，因為在某種程度上，這些心理狀態是人類成長與發展的必要催化劑。如果你懷疑女兒的不安已經遠超過健康的程度，我也能向你保證，你和你的女兒不需要感到絕望，我們可以解決不健康的壓力與焦慮。

健康的壓力

人們對壓力有些誤解。雖然人們不是時時都享受被逼到極限的感覺，但常理與科學研究都告訴我們，超出舒適圈的壓力會讓我們成長。健康的壓力會在我們接受新挑戰時出現，像是對廣大觀眾演講；也會在我們做一些心理上會感到威脅的事時浮現，例如終於挺身面對不友善的同事。將自己推出熟悉的界線會增強我們的能力，就像馬拉松選手在訓練時逐漸拉長跑步的距離。

學習勇敢面對有壓力的環境也是一項能透過練習強化的技能。那些有辦法面對艱難生命挑戰的人（例如從嚴重的疾病康復），通常在面對新的挑戰時，會有高於平均的抗壓力，研究學者稱之為「壓力免疫」。我身為中年女性，雖然不能說有很多優勢，但的確有一個特別的好處：大部分的問題都不像以前那麼困擾我了。就像許多和我同齡的成年人一樣，我已經獲得許多人生經歷，所以當我再面對一些會讓年輕的我緊張崩潰的大事件，例如班機取消，現在我都能游刃有餘。雖然說「沒有殺死你的一切都會讓你更強壯」或許有點誇大其詞，但也不是完全錯誤。

作為家長，當我們在思考壓力的時候，我們應該要像童話故事《三隻熊》裡的金髮姑娘一樣，盡可能讓自己放鬆。女兒身上的壓力不應該一直太低或太高，但我們能容許合理程度的壓力成為女兒的養分，讓她們健康發展，成為我們心中所期望的、堅強有韌性的年輕女性。

女兒們學習處理壓力的方式很多時候是來自觀察我們這些家長如何以身作則。我們的女兒藉由我們的行為，判斷她們面對人生困境時需要多警覺。當我們被自己內心的膽小鬼掌控，在可以應付的挑戰前驚慌失措，我們就成了女兒的壞榜樣。當我們接受那些能夠帶來成長的壓力，並幫助我們的女兒做出一樣的選擇，我們便為自己和女兒建立了自證預言[1]。

但是，只有在我們能克服困境時，困難才能成為我們的養分。因此，本書會在接下來的章節裡，告訴你該怎麼幫助女兒克服在童年邁向成人之路上會面臨的挑戰。在你的幫助下，隨著時間過去，你的女兒就能學會：壓力在人生中是正面、能夠帶來成長的一部分。除了當它不再正面的時候。

壓力如何成為不健康的存在

當壓力超越人們能消化的程度，或是無法再從中獲得益處時，這樣的壓力就不健康了。沒有一個明確的標準可以界定壓力健康與否，因為承受壓力的程度是因人而異的。甚至，就算是同一個個體，每天能承擔的壓力等級也不一樣。壓力是否成為不健康的存在，其實有兩個變因：問題的本質以及承受壓力的個體。

1 又稱「自我應驗預言」或「自我實現預言」，一種社會心理學現象，指人們先入為主的判斷無論是否正確，都會影響行為，以至於這個判斷最後真的實現。

在心理學家的界定中，當壓力開始對一個人的身心健康產生短期或長期的影響時，這就是不健康的壓力。一個壓力因子是否會傷害個體的身心健康，和壓力的來源其實沒有什麼關係，卻和這個人能不能找到適合的資源來解決問題有關，包含個人、情緒、社會或經濟上的資源。舉例來說，摔斷一條手臂對一個用另一隻手寫字、還有很多朋友幫她拿課本的女孩來說，或許只是一個考驗她適應力的小挑戰。但對一個極需運動員獎學金的女孩來說，這或許就是一個會摧毀她未來的大災難。同樣地，當家庭的經濟支柱被資遣時，對一個沒有預備金的家庭來說會是個大問題，但對有大筆定存的家庭來說就沒有那麼嚴重。

現在，我們知道，當處理壓力需要的資源超出我們所擁有的，壓力就會變得不健康。這一點就能幫助我們提供女兒更好的支援。我們無法避免災難發生，但我們通常能找到適當的資源，幫助女兒面對人生中的各種挑戰。

我在羅倫女子學校當心理顧問時，就遇過一個極端的例子。那是一所地方學校，有學齡前到十二年級的學生。過去十五年間，我每週會花數天在這裡工作。在這段時間裡，我觀察幾名高中女生和她們的家庭對抗傳染性白血球增多症，這是一個特別頑強的壓力因子。病毒在女孩身上的表現差異不大，她們通常會請幾週的假，也需要暫停課後社團活動。但這種疾病對某些女孩來說，壓力程度遠勝對其他人造成的影響。

在理想的狀況下，家長可以讓女孩沉浸在充滿愛與支持的環境中，讓她在最壞的狀況裡獲得最好的照顧。她的雙親能確保她獲得足夠的休息，與羅倫女子學校有效率地合作，幫助女兒適當地跟上課程步調，並安排她的朋友們來家裡探望。其中一個認真的足球員女孩的家人就載她去看球賽，讓她在板凳席上為親愛的隊友加油。當家長能以女兒的立場來使用這些資源，這樣的疾病在女孩的高中生涯中，也只不過是一閃而過的不愉快小插曲而已。

但另外一些家庭就只能提供極少的支持，尤其是那些快要瀕臨壓力極限的家庭。一個女孩如果得獨自在家好幾個小時，很可能會選擇使用社群網站，而不是睡覺，進而讓病毒花更久的時間才消失。她或許會在課業上落後更多，或是因為思念朋友和學校的趣事而感到憂傷。當這樣的學生終於好起來時，我都會聽到她們說：「真是謝謝這場病，我整個學期都毀了。」

三種壓力類型

當然，有些女孩和家庭已經用盡力量面對白血球增多症所帶來的社交與學業影響，卻還是發現自己難以讓生活回到正軌上。當我們認知到壓力不全然是壞事，但也不是全都一樣，我們就更容易理解他們面臨的挑戰。當心理學家研究壓力以及它對健康所造成的影響時，我們會將壓力區分為三種不同領域，分別為人生事件、日常困擾和慢性壓力。

任何需要重新適應的人生事件本身就富有壓力，例如青少年的傳染病。就算是開心的事件，像是成為父母或找到新工作，也會因為需要適應突如其來的改變而帶來壓力。心理學並沒有太多核心規則，但有一條是絕對的：改變等於壓力。一個人生事件帶來越多改變，就會帶來越多壓力。

再者，無論是好或壞的人生事件，通常都會對日常生活造成困擾。舉例來說，重新安排自己的行程好照顧生病孩子的家長，或許會因此無法順利執行日常任務。他們或許會沒有時間清理堆滿水槽的碗盤，那些碗盤以前可能是由生病的孩子負責放進洗碗機裡。雖然日常困擾看起來並不是什麼大事，但這些事是會累積的。值得一提的是，一項研究顯示，由單一主要壓力因子所引起的日常困擾的數量，例如親人過世等等，才真正決定了接下來人們會面臨多少情緒困擾。簡而言之，當一個喪妻的丈夫試著搞懂妻子支付帳單的邏輯而備感壓力時，他感受到的喪妻之痛會加倍。

我們對日常困擾直覺的理解可以解釋為什麼我們會想幫家裡有新生兒的朋友做飯。我們會把家裡有重大人生事件的人的冰箱塞滿，好讓他們免去採買和做菜的困擾。認知到我們的日常困擾的確會造成壓力，就能鞭策我們尋找解決方法簡化它們。用免洗餐具吃幾週的飯並不會治癒孩子的傳染病，卻能幫助減少整體的壓力等級。

除了人生事件和日常困擾，另一種則是慢性壓力。當基本的生存環境一直都處於艱困的狀態，這樣的壓力就會產生。經研究發現，忍受慢性壓力會對人的生理與心理健康產生負面影響，例如住在危險的社區，或是長期照顧失智親戚。但就算在最糟的情況下，有時候還是有一線曙光。有研究發現，應付過永久而沉重壓力的年輕人，例如經歷癌症治療或由嚴重憂鬱的家長養大，在面對廣泛的長期壓力時，有許多寶貴的經驗可以運用。

我在協助一名年輕的十七歲女孩寇特妮時，就發現自己相當依賴我對幫助孩童與青少年面對壓力的知識，即使是在艱難的情況下。她的父母長期處於分居的狀態，她十一年級的秋天向父母宣布自己再也受不了他們的爭吵後，我們便開始每週見一次面。雖然她的父母在許多方面都意見不合，但他們的確都希望盡可能為女兒提供支援。

待我們認識彼此後，寇特妮下定決心和我一起找出面對家中問題的方法。我們的第一步，便是定義出她能改變和不能改變的事物。

「老實說吧，」她說。「我覺得他們大概永遠都處不來。」她氣急敗壞地補充：「他們說不會在我面前吵架，但他們好像就是控制不了自己。」

「我很遺憾……我可以想像聽他們攻擊彼此有多難受。」

寇特妮低頭看著自己的手，然後抬起眼看向我，不安地回答：「對，真的糟透了。」

我思索了一下，才繼續說：「關於吵架這點，我覺得你無計可施。你的父母是唯一能夠阻止爭吵發生的人，而他們聽起來還沒準備好要這麼做。」

寇特妮陰鬱地點頭同意。

「所以，雖然我很不想這麼說，但我覺得你現階段必須先想辦法接受這個事實。」確實，研究顯示，對於那些無法改變的困境，最重要的第一步，就是練習如何接納現況。如果你聽到「練習接納」這個新觀念就皺起眉頭（真心話：我第一次聽到時也是這個反應），請以非常務實的角度來思考。為什麼要浪費精力來對抗一個無法改變的事實？只要我們能找到方法消化令人難受的事實，我們就能進一步接納它。

可是寇特妮完全無法接受這個說法。

她很不可置信，惱怒地說：「我怎麼可能接受他們吵架？他們吵得超兇！」

「我知道。」我盡可能不帶防備地回應。「如果我覺得你有讓你父母休戰的能力，我一定會鼓勵你做到底。但我確實也認為，有些你可以控制的事情能讓你的狀況好一點。你願意聽聽看嗎？」

寇特妮勉強同意聽我說，所以我便告訴她我們在慢性壓力的研究上發現了些什麼。

「有什麼事情，是你喜歡到連他們吵架都不能打斷你的嗎？」

寇特妮想著我問的問題，表情緩和了下來。「你知道嗎，」她開口，「有一件事我的確很喜歡……」

我抬起眉毛，讓她知道我很想聽她繼續說下去。

「我有一輛車……我們都說那是我奶奶的車，但基本上就是我的……我很喜歡開車去河堤。」我微笑起來，表示我也很熟悉那條林蔭遍佈、丘陵起伏的道路，那就在我辦公室往東約二十分鐘路程的克里夫蘭郊區。「我喜歡搖下車窗，就算外面很冷也是，然後把音樂大聲放出來。就算只聽一首歌，我都會覺得好多了。」

「你隨時想出門都可以嗎？」

「基本上是吧，除非我有功課要做之類的，但從我家到那裡不遠。」

「那我覺得這就是你計畫的一部分了。你沒辦法阻止爸媽吵架，但聽起來你有個不錯的方法，可以從那種壓力中暫時解脫。」

寇特妮咬著嘴唇，我知道她還沒被我說服。

「這絕對是個不完美的解決方法。」我溫和地說。「但你不如這樣想吧：他們吵架讓你不開心，但是兜風可以讓你心情變好。在你爸媽找到解決方法之前，你需要時就出去兜風，讓你稍微掌握自己的情緒。」

「是沒錯。」她緩緩說道。她頓了頓，然後補充：「我會試試看再跟你說。」

我們可以把這些應對慢性壓力的學習經驗帶回家，教給自己的女兒。當她們身陷困境時，我們可以引導她們想想自己能改變或不能改變的事實。如果你發現女兒面臨學校中不太嚴重的人際衝突（哈囉，七年級），你也許可以幫助她專注在自己可以做的事情上，例如讓她交一些比較不戲劇化的鄰居朋友。除此之外，你也可以協助她從社交衝突中轉移焦點，直到衝突消失（祈禱八年級會變好）。由於我們不可能總是避開不健康的壓力，我們應該透過學者的心理壓力減緩方法來找到安慰。採取策略，解決我們能力所及的部分，並找到方法與其他部分共存，可以使我們面對重大的困境時，少一點絕望、多一點放鬆。

從壓力到焦慮

壓力與焦慮就像孿生兄弟。它們有許多共通點，但它們並不一樣。壓力和焦慮都會造成心理不適，但壓力通常指的是情緒或心理上的緊繃感，焦慮通常是指恐懼、厭惡或驚慌的感覺。

雖然我們可以區分壓力和焦慮，但在現實生活中，它們兩者經常是緊緊相依的。舉例來說，一個有學業壓力的女孩很可能會焦慮作業寫不完。一個女孩如果住在偶爾會有引發焦慮的槍響的社區裡，她幾乎百分之百承受著慢性壓力。我們沒辦法總是把壓力和焦慮分開，而大部分時候，我們也不需要這麼做。實際上，這兩個概念幾乎可以互相代換（在這本書裡也會一直這麼做），所以我們可以把精力集中在協助女兒，讓她們能夠控制壓力與焦慮。

壓力和焦慮都可以是有益或有害的。我們已經檢視過健康與不健康的壓力。現在讓我們來看看焦慮的區別。

健康的焦慮

焦慮是份禮物，經由演化代代相傳，保護人類的安全。我們每個人都有一套成熟的警報系統，深埋在腦海裡。當我們感受到威脅時，這套警報系統便會觸動焦慮產生。而焦慮的不適感會讓我們採取行動，以減緩或避開那個威脅。換句話說，我們那些在看見劍齒虎時就往洞穴衝的史前祖先把這種焦慮警報基因傳給了我們。但那些會輕描淡寫地說「欸，你看，有隻大老虎欸」的祖先，就沒有這麼幸運了。

現在，我們的焦慮警報系統會對許多現代威脅產生回應。當我們開車差點發生意外、獨自在家聽到怪聲或是老闆資遣員工時突然召開緊急會議，我們的警報就會響起。除了警告我們周遭環境裡的威脅，焦慮也會提醒我們來自內在的危險。在我們說出某句會後悔的話之前，我們心中就會湧起不舒服的感覺，那就是焦慮感在提醒我們該閉嘴了。當我們瘋狂追劇，不去處理報稅的文件時，心中也會產生一股揮之不去的感覺，這也是焦慮感在試著讓我們不會因為遲交而必須繳罰鍰。

簡而言之，焦慮感是為了保護我們不受世界和我們自己的傷害而存在的。

不幸的是，焦慮和壓力一樣，也是聲名狼藉。我們不知從哪裡學到情緒上的不適總是壞事，但這是個毫無益處的想法。心理壓力就像生理上的疼痛，是個成熟的系統，幫助我們修正行為。就像生理疼痛會提醒你別再碰滾燙的火爐，情緒壓力的警報也會提醒我們注意自己的選擇。舉例來說，如果你在和某個朋友吃飯前總會感到很緊張，因為你不知道這次她會怎麼對待你，那也許你最好重新考慮一下這段友情。

所以幫助女兒掌握焦慮的第一步是這樣的：我們可以告訴她們，焦慮通常是她們的好朋友。

幾年前，我和一位名叫達娜的女孩會談過一段時間。她在一場派對上喝得太多，讓自己進了急診室，她的父母便打電話給我。我已經臨床工作很久，知道不能藉單單一起意外事件就對達娜下任何結論，當我們正式碰面時，我的保留的確有了回報。在我的候診室裡，我看見的是一名友善的青少女，穿著牛仔褲和法蘭絨格紋襯衫。她很快地站起身，一邊自我介紹，一邊對我伸出手。

我們握手時，我說：「嗨，我是達摩爾醫生。」她則真誠地回答：「謝謝你安排時間見我。」我指向我的辦公室，並看著她踏著又蹦又跳的腳步走在我前面。

等到我們坐下後，我開口了：「好吧，你不認識我，我也不認識你。」我用歡迎的口氣說道。「但我知道有件可怕的事發生了。」當我剛開始從事這一行時，我總會不小心犯下菜鳥錯誤，在見到青少年不久就直搗問題核心，他們的反應通常就是把自己封閉起來。經驗告訴我，人們（青少年當然是最重要的一群人）如果不是被逼到角落，會對坦白敏感話題感到自在許多。

「你想要先跟我聊聊發生的那件事嗎？」我繼續說。「還是你覺得我們先認識一下彼此，會讓你比較舒服？」

「謝謝你。」達娜說。「但我可以直接跟你聊那件事，我其實覺得超煩的。」她邊說邊用手拉著一縷及肩的捲髮。「幾個星期前，我跟朋友們去一個認識很久的同學家開派對，那時候很好玩。但後來，我其中一個朋友聽說另一家也有人開了派對，所以我們就決定過去那裡。我不認識舉辦第二個派對的人，但我認識他的幾個朋友，可是那邊還有一大群我從來沒見過的孩子，這感覺很奇怪。」

我邊聽邊點頭，並沒有打斷她。達娜幾乎迫不及待要把這股煩惱一口氣傾訴完。「我那時候覺得很不舒服，覺得很緊張。我在第一場派對喝了一瓶啤酒，完全沒有大礙，所以我以為在第二個派對再喝一瓶也沒關係。」她繼續說下去。「我只是想要冷靜下來，因為我的朋友們在那裡玩得很開心，我覺得我們應該會待上一段時間。」

「我在喝啤酒的時候，有人給了我一個一口杯，我平常不會喝的，但我當時覺得那應該可以讓我更快放鬆下來。所以我就喝了。」在她說話的同時，我對她話中的兩件事感到頭皮發麻：隨手可得的酒精，雖然這早已不是新聞了，還有達娜堅持要把自己的警鈴澆熄的決心。「在那之後，」她說。「我就斷片了。我朋友說我就一直喝個不停。我昏過去時，我其中一個朋友被嚇到了，打電話給她媽媽，然後她媽媽又打給我媽。」

「她是個好朋友。」我說，而達娜鬱悶地點點頭。然後我問：「你能先倒帶回剛到第二個派對的時候嗎？」她又點點頭，所以我繼續問：「你知道你為什麼會覺得那麼不舒服嗎？」

「喔，知道啊。」她很快地說。「很扯。我不敢相信那裡會有這麼多人，而且有些孩子看起來真的不是很OK。我不是要批評他們，」她用那種人們在說些未經修飾的話之前，會先補上一句「我沒有惡意」的打發口吻說道，「但有些人絕對老得不應該出現在高中生的派對上。」

「懂了。」我說。「所以，我想提出一個意見。我在想，事情會出錯的一部分原因，是不是因為你把你的焦慮感當作敵人了，但它其實是在試著當你的盟友。」達娜疑惑地看著我。我繼續說：「我的直覺認為，你會那麼不舒服，是因為你夠聰明，知道那可能是個不太安全的派對，而你想要離開。」

「真的。」她熱切地說。「那畫面看起來很不妙。但我知道我朋友們想要留下來，所以我不知道要怎麼辦。」她頓了頓，然後有點心虛地說。「當然，我還是不應該那麼做的。」

「沒錯。」我說。「如果我現在建議你不要再喝酒了，我想你不會感到太意外。」她歪了歪頭，聽著我的說法。「還有，我也覺得，如果你能更了解自己的焦慮，你會覺得好過很多，更不需要擔心類似的事會不會再發生。」達娜再度用困惑的表情看著我。「大人通常會說焦慮是個不好的東西，但其實不完全是。」我說。「它的確有可能失控，而我們都不希望這件事發生。但大部分時候，它是種很有用的情緒。」從達娜的表情來看，我知道她現在完全了解了。

「與其用那一小杯酒強迫自己冷靜下來，」她邊說邊想，「我也許應該更關心自己有多緊張，然後找個藉口回家。」

「對。」我同意道。「你有一套成熟的警告系統為你運作得很成功。我們來好好利用它吧。」

在家裡試試這套。下一次，如果你女兒告訴你，她對一個自己還沒有準備的考試感到很緊張，你可以愉快地回應她：「很好！我很高興你會擔心。這是個很正確的反應，因為現在你知道你還沒準備好。只要你開始念書，你就不會那麼緊張了。」當她週五晚上和朋友出門時，你也可以跟她說：「好好玩吧。記得照顧好自己。如果你覺得某個場合讓你覺得不舒服，記得好好注意那個感覺！如果事情不對勁，我們很樂意去接你回家。」

總而言之，當女孩開始感到焦慮時，我們希望她能認真看待那股感覺，並且去思考：「為什麼我的警報響了？要怎麼讓它靜下來？」我們的文化在焦慮和所有負面情緒上貼了個壞標籤，所以我們更得幫助女孩們學會，焦慮其實是一種保護機制。

焦慮的運作

恐懼是一種強而有力的情緒體驗，很容易讓人覺得它失控了。但心理學家發現，焦慮其實是一種極易預測、系統化的反應，並由四種不同的系統連環運作。首先，壓力荷爾蒙會觸發一種生物反應，我們稱之為「戰鬥或逃跑反應」。腎上腺素以及其他相關化學物質會提升心跳率、減緩消化系統運作，並擴張呼吸道，好讓更多氧氣進入肺部，支援我們出擊或奔跑所需的肌肉。訊息透過中樞神經系統傳到肺部，會刺激呼吸速度加快、變淺。我們的瞳孔會擴張，讓我們看得更遠。直到預期中的危險消失後，同樣複雜的系統便會讓身體回到焦慮來襲前的狀態。這也是為什麼驚恐的時刻過後，我們通常會很想上廁所，因為消化系統又再度開始運作。不論我們對焦慮的看法如何，我們都不能否認，它在我們的生物反應上有相當大的影響。

我們的情緒幾乎在同時採取行動。我們會感受到緊張、恐懼或是厭惡，有些人在焦慮時可能還會感到坐立難安或煩躁。當我們的情緒受到影響時，我們的知覺或思考系統就會插手。當我們不斷觀察四周環境、試著搜集預期中的威脅訊息時，我們會開始進行深層思考。我們獨自在家聽到怪聲時，我們便會豎起耳朵，緊張地自問：「我有記得鎖門嗎？是有人試著闖進來嗎？」其他時候，焦慮也可能會讓我們腦子變得一片空白，或者出現不合理的誇張想法：「有個斧頭殺人魔在我家門口！」

最後，我們的行為系統會接手。被夜晚怪聲嚇壞的人可能會屏住呼吸、不發出任何聲音，想拿手機報警，或是拿一支球棒躲在屋裡的某個角落。

雖然焦慮的存在是有意義的，它可能會幫助我們發現門被風吹開了，但由於焦慮是邏輯、情緒、精神與生理上的運作，如果這個繁複的警報系統出錯、失控，我們就麻煩了。在這些時候，臨床醫師可能就會診斷出你有焦慮症。

焦慮症與治療

多樣的焦慮症臨床診斷說明，我們的警報系統有很多種出錯的方式。當警鈴持續響個不停，有時小聲、有時大聲，但響的時間太多的時候，我們就會把它診斷為廣泛性焦慮症。患有此類焦慮症的孩童（或成人）被無法控制的擔憂感糾纏，他們的思緒在一個又一個角落裡打轉：上體育課分隊的時候，我會是被挑剩的那一個嗎？老師會突然點我起來回答問題嗎？校車會沒發現我還沒上車就開走嗎？這種不斷響起的焦慮警鈴會影響睡眠和專注力，當然，還有感到平靜與快樂的能力。

在其他種類的焦慮症中，焦慮警報就沒有這麼不分青紅皂白了，但有時會對特定的危險產生不合理強度的反應。舉例來說，分離焦慮症、社交恐懼症或某些特定恐懼症的患者，在面對與照顧者分離、暴露在社交檢視下，或是面對某些特定的物件或狀況時，就會引起極大的壓力。年幼的孩童總會思念不在身邊的父母，大部分的青少年也有對「上台」感到不舒服的時候，全人類都有自己恐懼的事物，我們只有在一個人的憂慮程度和潛在威脅不成比例時，或是已經開始影響日常作息時，才會診斷為焦慮症。討厭蜘蛛是一回事，但如果你因為怕碰到蜘蛛，而決定蹺掉一場在老舊大樓舉行的會議，這又是另外一回事了。

當焦慮警報為不明確的原因大響時，我們就稱之為恐慌症發作。這種症狀發作起來不是鬧著玩的。它激發出來的恐懼感會使生理上的焦慮反應強烈到讓患者覺得自己快要發瘋，或是快死了。確實，研究發現，因胸痛而進急診室的病患當中，約有四分之一是由恐慌症所引發的，而不是心臟疾病。恐慌症來得快、去得也快，通常在二十分鐘內就結束了。這樣的症狀可能會在有明確壓力來源的情況下發生，例如面對一場非常重要的的工作面試，也有可能完全沒有原因。

值得玩味的是，恐慌發作是一件相當常見的事。有百分之三十的人在人生中都有被強烈焦慮感襲擊的經驗，伴隨而來的則有反胃、頭暈、麻木、起雞皮疙瘩、覺得與現實脫節、打寒顫、冒冷汗，或是像前面提到的，覺得自己快要發瘋，或有瀕死的感覺。雖然恐慌發作是一件很痛苦的事，但我們只有在不斷發作使患者開始害怕這些感覺，或因此開始改變自己的生活模式時，才會將其診斷為焦慮症。有時候，患者會開始避開那些讓他們恐慌發作的狀況或地點，像是遠離健身房或派對，希望避開恐慌的來襲。

幾年前，我一位從小就認識的朋友在科羅拉多南部的某一條高速公路旁打電話給我。她和十七歲的女兒正從丹佛開車前往路程六小時遠的新墨西哥聖塔菲，她女兒要在那裡為夢寐以求的聖塔菲音樂節工作一個暑假。

跟我說完前情提要後，我朋友繼續說道：「我們正開在一條美麗的公路上，然後我女兒突然間就發作了。她開始發抖，說覺得自己快窒息了，然後說她這輩子從來沒有這麼害怕過，但她不知道為什麼。一分鐘前她還好好的，但下一分鐘，她就說自己好像快發瘋了。現在她已經沒事了，但是她心情非常低落。」

我又問了朋友幾個問題，然後說：「你描述的似乎是非常典型的恐慌發作，這的確很可怕。」我強調：「但是這基本上沒有什麼大礙。」我朋友稍微鬆了一口氣，不過她希望我繼續說下去。

「我在想，我們是不是該跟她的老闆說，她要晚點才能到職，然後我們先回丹佛做個檢查？」

「不。」我說。「我覺得你們最好繼續前進。恐慌發作已經發生了，但我們不要太關注單一的發作。」接著我也告訴朋友我自己人生中恐慌發作的經驗。念碩士時，我正在和一名老虎家長分享她兒子的智力測驗結果，當她發現自己可愛的兒子居然不是天才時，她非常不高興。我的恐慌就是在那時候發作的。我鼓勵朋友告訴她女兒，我對那次發作的印象還一清二楚。我當時非常驚恐，草草把那場會談收尾，然後逃出了會談室。不過幸運的是，我在那之後就沒有發作過了。

「好吧。」我朋友試探性地補充道：「你知道，我記得我阿姨以前有非常嚴重的焦慮問題。你確定我們真的不需要去做檢查嗎？」

「恐慌發作也許是家族遺傳。」我說。「但我還是覺得你們繼續上路比較好。如果之後又再發生，就打給我，我會幫你轉介新墨西哥州的臨床醫師。」

那年暑假，她們沒有再打電話給我。我最近回丹佛拜訪家人，也順便和朋友敘舊，我問她後來狀況如何。她說她女兒那年暑假一開始都還不錯，但在八月下旬，有天她在接近回家時間時，在外面慢跑，又發作了一次。「她調適得不錯。」我朋友說。「因為她知道那是怎麼一回事。事後她上網找了一些舒緩的技巧，但感謝上帝，之後就沒有再發生了。」

當女孩的緊張感對她的生活產生了影響，這就是尋求專治焦慮症的臨床醫師協助的時機。認知行為治療能夠針對我們前面提到的四種焦慮對症下藥。認知行為治療的醫師能使用先進的技巧，幫助病患處理他們的生理反應、與緊繃的情緒共存、挑戰引起焦慮的念頭，並逐步戰勝恐懼。

心理動力治療法則著重在可能不在我們意識範圍內的想法和感覺，特別能幫助人們找到焦慮警鈴大作的原因。對十年級的席夢來說，這正是她所需要的。她母親透過學校的諮商師聯繫我，在電話裡，席夢的媽媽解釋，她的女兒總是情緒緊繃，但沒有人知道為什麼。她的家庭狀況不錯，學業表現也很好，課表在她能應付的範圍內，而且也有幾個知心好友。當我問她席夢願不願意和我碰面時，她說：「她很緊張，希望我和能陪她一起。」我說只要能讓席夢樂意接受治療，什麼方式都可以，於是我們約了一個她們兩個都有空的時間。

第一次會談時，席夢和媽媽緊靠在一起，大腿和膝蓋都貼在一起了。我很意外一名十五歲的青少女能接受和自己的媽媽坐得這麼近，但席夢有一個不尋常的特質，她似乎能在和母親身體距離這麼近的狀況下感到放鬆，卻又同時完全是獨立的個體。我們的第一場會談意外地沒什麼特別。我得知席夢是三個小孩中的長女，她母親是個成功的企業家，每幾週就要出差一次，他們全家住在離我診所不遠的郊區，已經住在那裡將近二十年了。

第二次會談時，席夢似乎已經準備好自己單獨前來了。她坐在沙發上離我最遠的那一邊，拿起我放在小桌子上的一盆磁條和銀色小球玩具，她把碗放在大腿上，伴隨著一連串磁條和小球連接的清脆聲響，堆砌了一座小小的金字塔。她手上一邊忙著，一邊輕鬆地回答我的問題：今天過得如何（她還有一堆作業還沒寫）、交友狀況如何（朋友都很好，也很可靠）、還有她現在的焦慮狀態（很高，多謝接下來的期中考）。她也說起和媽媽的親密情感：「我們感情很好，當然不是隨時啦，但大部分的時候都是。而且，我沒有跟她說過，我其實很崇拜她。」她爸爸在她口中則是「有點難以理解……大概是有點距離感吧。但他是個好爸爸，也是個很好的人」。

第二次會談過後，我開始懷疑我跟席夢到底為何要進行會談。我目前所知道的一切似乎都無法解釋她持續的神經緊繃，席夢似乎也不急著揭開謎底。但在第三次會談時，問題很快就聚焦了。席夢靜靜地走進我的辦公室，又開始蓋起金字塔，幾分鐘後才打破沉默：「我們在這裡說的話，你會跟媽媽說多少？」和第一次會談時一樣，我再次向她保證，我們的對話是百分之百私密的，除非她說的話讓我擔心她或其他人有人身安全上的疑慮。

「我媽之前有外遇。」席夢唐突地說。「而且她不知道我知道了。」然後她接著說下去。幾個月前，她聽見她爸媽的對話，發現媽媽曾利用出差的時間，和大學時代的前男友密會。她補充道：「我聽到的是，我媽結束了那段關係，而且決定跟我爸坦白。我知道我爸一定很受傷，但他們現在一起在做諮商，家裡的狀況好像也還好，所以我不知道要怎麼辦。」

「真是個沉重的祕密。」我說。席夢閉上眼睛，也許是為了要把眼淚逼回去，然後她低下頭同意。我們都知道，背負著媽媽外遇的祕密就是席夢神經緊張的原因。我們一起思考她的幾個選項：她可以和父母坦承自己聽到的事情，或是暫時先把這個新聞藏起來，以後再做決定。當她離開時，她看起來輕鬆了許多。事實上，和我分享這個獨自背負已久的重擔後，她整個人看起來都輕盈了起來。

「還有一件事。」在我們下一次會談時，席夢說道。「我知道這場外遇跟我沒有直接關係，但我不知道該怎麼看待媽媽。」她解釋道，她非常喜歡媽媽，也很依賴她，而且很驕傲自己有一個能當家庭經濟支柱的媽媽。「我真的很尊敬她。」席夢小心翼翼地繼續說：「所以我不知道該怎麼想。」

我試探性地問道：「你會不會對她感到很灰心呢？」說實話，我懷疑席夢的感覺已經遠超過灰心，但我知道面對那些還沒被挑明的感覺，我最好還是點到為止。直接問她「你會生氣嗎？」只會讓個案決定沉默，尤其是當他們在怒氣周圍築起高牆的時候。

兩道眼淚突然滑下席夢的臉頰。我們擊中了情緒的要害，現在需要小心處理。「聽著，」我溫暖地說，「對你這麼深愛又依賴的對象感到生氣，這真的很痛苦。」我們坐在一起，沉默了一段時間後，我再度開口：「你的灰心非常合理。」我說。「我覺得，這也能解釋你一部分的焦慮是怎麼來的了。」席夢現在直直盯著我的雙眼。「也許你的神經緊繃，就是隱藏的情緒階段的第三步。」

「第一步，」我解釋道：「也許是你在內心深處覺得對媽媽感到很灰心。第二步，是你不想要有這種感覺。所以第三步，讓你來到我這裡的那一步，就是你內心充滿擔心。也許你擔心生氣的感覺會破壞你和媽媽的好感情。」

席夢專注地抿緊嘴唇。「也許吧……我不知道。」她說。「有可能。但我不太確定。」

在接下來的幾次會面裡，我們推測她的焦慮也許是來自於憤怒，席夢的擔心開始逐漸趨緩。我們的步調很緩慢，但至少我們在往正確的方向前進。

不是所有的焦慮都能找到隱藏在背後的原因，但我們該記得的是，焦慮存在的目的就是警告我們外在與**內在**的威脅。有時候，女孩感到緊張是因為她在處理來自外部的威脅，像是與自己的父母有衝突時。而有時，外在看起來一切平靜，但女孩正在面對一股強大的內在威脅，就像席夢的例子，她對於自己對媽媽生氣的事感到非常懼怕。

當心理治療無法提供足夠的放鬆，或是速度不夠快時，焦慮感也能透過藥物治療改善。重要的是，生理女性面對焦慮時的脆弱感可能會高出許多。從兒童時期開始，直到成年，女孩與女人被診斷出焦慮症的人數至少是男性的兩倍。針對這樣巨大的性別差異，我們在這本書裡會探討許多非生理因子，但也包含了幾個生理因素，讓女孩比男孩更容易焦慮。

週期性的經前賀爾蒙改變會讓許多女性感到更緊繃、煩躁或是不自在，這點已經不是新聞。此外，有些研究顯示，那些有恐慌症狀的女性，在經前因為雌性激素與黃體素的改變，會短暫提升恐慌發作的頻率與強度。有些專家認為，月經來潮時的情緒起伏可能會促進已在發展中的焦慮症持續或加劇。研究發現，焦慮有可能會透過基因遺傳，但遺傳給女兒的機率是否比傳給兒子的機率高，這點還無從證明。

無論焦慮是否來自基因遺傳，藥物都可以幫助抑制這些症狀。雖然我很少建議個案馬上就採取藥物治療，但當心理治療無法舒緩個案的焦慮，或是不間斷的恐慌發作癱瘓了日常生活，我也會毫不猶豫地推薦精神科醫生。當個案的恐慌症狀對他的生活造成危害時，我們會診斷為恐慌症，抗憂鬱藥物通常能迅速產生放鬆的效果。在有用藥的狀況下，焦慮的症狀被解除，個案就能夠專注在心理治療中，尋找隱藏的難受感，或是學習最終能幫助他們擺脫藥物的緩解焦慮技巧、思考策略和行為模式。

近幾年來，正念療法是面對焦慮情緒與想法時非常有效的方式。正念以佛教冥想技巧為根源，引導人們學習觀察自己的感覺與想法，但不要批判。當焦慮感說服我們的女兒自己正在面對無法克服的威脅，刺激她們想像最糟的結果時，焦慮感就會引起麻煩。正念療法引導實踐者小心地觀察自己的情緒、想法與感官，但不要被這些東西牽著鼻子走，以面對焦慮的發作。

正念療法無法取代正規的心理治療，但在面對困擾的感覺時，它和西式方法有著同樣的關鍵原則。在我剛入行時，我最欣賞的同事之一就告訴我，心理學家是一個非常奇怪的職業。首先，我們要幫助人們精確地了解自己的感覺和想法，我們希望個案深入了解自己內在活動的高低起伏。然後，等到個案開始理解自己痛苦、不悅或害怕的內在世界，我們便會後退一步，並肯定地指出他們發現的世界只是個想法或感覺，然後他們就能擁有回應這些想法和情緒的選項。

如果你懷疑女兒的焦慮指數非常高，卻又不確定要不要找專業人士協助，你還有一個選擇可以參考。除了本書所提供的準則，你和女兒也能選擇其他優秀的練習書籍和指導手冊，學習如何控制焦慮反應機制，或是練習正念療法。

處理普通焦慮

普通焦慮與極端的不健康焦慮之間沒有一條明確的界線，臨床心理醫生通常只會在一個人的焦慮變得太過普遍，或強烈得破壞日常生活時，才會為它掛上焦慮症的名牌。但不幸的是，許多年輕人（有時候也包括他們的父母）現在只要面對一點點的焦慮感，就開始過度擔心。有時候，有些女孩會告訴我：「我有焦慮感。」好像自己有某種重大又永久的先天殘疾。

由於焦慮是全人類都有的適應因子，你應該能夠想像得到，有時候我不得不阻止自己用熱切的聲音回應：「當然囉！所以你才能安全過馬路、不被車撞呀！」不過，我通常會針對讓她焦慮的狀況問一些問題。很多時候，我發現自己不斷在重申焦慮感通常是一件有益的事，就像我在達娜的例子中，討論到她在那場怪異派對上感到的擔憂時所說的。

從另一個角度來說，有這個概念的大人能幫助女孩與年輕女性在焦慮時不要過度擔心。我們能教導女孩，她們的緊張感也許是有用的防護，但也有可能達到令人不適的程度。就算女孩發現自己處於程度量表上較極端的一邊，我們也有很多方法能讓她的焦慮與恐懼回到健康的等級。

為了幫助女孩們應付自己的緊張不安，在健康的焦慮狀態下，我們會將同樣的四個反應系統視為我們的守門員：生理反應、情緒反應、思考模式以及行為衝動。而在焦慮失控的時候，我們稱這些為失誤。幾年前，我在羅倫女子學校時，幫助過一名我相當喜歡的同事釐清這些步驟。我們當時正在學生餐廳排隊領餐，她突然問我：「我可以請你幫忙處理我們家的事嗎？」

「當然。」我說。「發生什麼事了？」

「我十一歲的女兒最近這幾天要去表姊家裡住，但她陷入很嚴重的焦慮。她非常想去，因為她很喜歡表姊還有另外兩個也會去過夜的女孩，但她很怕自己會睡不著覺。她現在只要想到過夜的事，就會開始過度換氣。」

「真高興你開口問我了。」我回答。「因為你有很多辦法可以幫助她面對過夜這件事。」我們拿了餐具，端著盤子來到餐廳裡相對較安靜的角落。

「首先，」我說。「你該幫助她了解，在她緊張的時候，她的身體就會運作過度，所以她才會過度換氣。」

我的朋友歪著頭。

「告訴她，她的大腦正在叫心臟和呼吸加速，好讓她面對危險。她該做的——她能做到的——就是告訴大腦沒有什麼好擔心的。」

「怎麼做呢？」

「嗯……你知道人們都說深呼吸可以平靜下來嗎？」

「對啊。」我朋友半開玩笑地說。

「那真的有用，但我發現，當孩子們知道為什麼的時候，會更有效。」

我和我的同事分享，神經訊息會從大腦流向肺部，叫身體加速換氣，神經訊息也能從肺部傳遞訊息回到中樞神經系統，告訴大腦冷靜下來。大腦對於呼吸系統傳來的訊息特別感興趣，因為當一個人開始窒息的時候，大腦必須提醒這個人開始驚慌。當我們刻意加深、延緩呼吸，肺部的感覺接受器便會接收到一切安好的訊息，並將此訊息以最高速、優先與肯定的訊號傳回大腦。

「告訴你女兒，如果她發現自己又因為過夜的事開始緊張，她可以用呼吸來安撫自己的神經系統。你們可以上網找不同的呼吸技巧，看看有哪些選擇。我最喜歡的是方塊式呼吸。」

「解釋一下。」她邊吃邊說。

我告訴我朋友，她可以指引女兒緩緩吸氣、數到三，然後屏住呼吸、再數到三，接著用三秒鐘的時間緩緩吐出那口氣，最後暫停、再數到三，然後進行下一個循環。她可以重複進行這個循環幾次。

「那聽起來蠻簡單的。」我朋友說道，一邊看著一群三年級的學生進入餐廳。

「是很簡單。」我同意。「在她需要這麼做之前，她可以先練習幾次，這樣效果會最好。我在羅倫女子學校這裡，每次教女孩這麼做，我都會舉網球選手的例子，他們對牆擊球的練習會幫助他們在比賽中找到一個可以依賴的節奏感。用呼吸技巧幫助自己放鬆也是同樣的道理。方塊式呼吸很簡單，如果它能成為女孩害怕時就能直接派上用場的熟悉技巧，它的功效會最大。」

「所以，」我朋友說。「我可以幫助她的身體冷靜下來，這樣很好，但我覺得她還是會很不安。」

「那就找出她的恐懼感來源。一般來說，當我們高估事情的糟糕程度，並低估我們自己的處理能力時，焦慮感就會產生。」

「她很害怕自己會整夜失眠。」

我想了片刻，思索我能給的建議。「你可以告訴她：『你在阿姨家的確可能會比在家裡更難睡著，但是我猜妳會累到一閉眼就睡著了。』之類的。你得同時認可她的擔憂，並幫助她發現這些擔憂也許被誇大了。」

「對。」她說。「但我知道她會跟我說，她怕自己睡得不夠，隔天會變得一團糟。」

「我們把這稱為災難化——就是想像最糟糕的發展。」

「喔，對。」我朋友微笑著回答。「她非常擅長這一點。」

「讓她知道，就算她整晚沒睡，她隔天也只是會累一點而已，那隔天早點睡就好。實事求是，她會知道你不覺得這是一件大事。」

「說實話，我不覺得她會吃這套，但我會試試。」

「很好。」我說。

「我還有個問題……我知道等她到了之後，她會一直想打給我，讓我保證她會沒事。我該讓她這麼做嗎？」

「不。」我很快地回答。「這不是個好方法。」

我解釋，焦慮感會讓我們去做一些能夠獲得理解和放鬆的事，像是尋求肯定，或是強迫性地不斷檢查我們擔心的某樣東西。但以長遠的角度來看，這些緊張的習慣並無幫助，因為這只會加強我們認為某件事真的不對勁的念頭。

「告訴她，她可以在睡前打給你說晚安，但除此之外，如果她覺得不安，你需要她用方塊式呼吸法讓自己冷靜下來。」

我同事的表情暗了下來。「她可能還沒有辦法接受這個說法，但我知道她真的非常想去。」

「別擔心。」我說。「就算她這次沒辦法去，之後還是有別的機會呀。至少現在，如果你告訴她該怎麼安撫自己，並釐清自己的擔憂和焦慮想法，她就不會覺得面對焦慮感有那麼無助了。」

阻止憂慮的浪潮

如果我們讓女孩把壓力和焦慮視為有害，她們便會因為自己有壓力而感到壓力、因為自己焦慮而更加焦慮。我們該做的是幫助女兒掌控自己的壓力與焦慮，教導她們這些都是人生中平凡又健康的一部分。而如果壓力與焦慮真的來到失控的地步，我們也能運用大量的知識，提供她們協助。

我們該記得，壓力與焦慮是會累積的，而且它們的整體份量就像水位一樣有消有長。就算是在最佳情況下，我們每個人或多或少都還是有些壓力。我們度過每一天的日常煩惱，有時候水位可能會快速上升（例如無預警接到校醫的電話時），又以同樣的速度快速下降（像是我們得知校醫只是要通知我們女兒上體育課時撞到同學的頭，沒有腦震盪，只是腫起來而已）。

對太多女孩來說，焦慮的水位已經從腳踝來到了脖子。本書會探討這些焦慮的來源，以及我們該怎麼做才能把女兒們從水裡撈出來，以免她們最後無法呼吸。在接下來的章節裡，我們會將女孩面對的壓力分成五大類別：家庭互動、與同性互動、與異性互動、學校活動，以及面對大眾文化。我們會一一檢視我們這些關愛女兒的大人能做些什麼，減輕有時候就快把她們淹沒的壓力與焦慮。

Chapter 2

女孩與家庭

當學校或交友圈裡有事情出錯時，女兒們通常有辦法穩住自己，等到回到家、進入私人空間後才崩潰。家長對女孩的壓力所做出的回應，有能力使情況大幅好轉或更加惡化。

在本章中，我們會檢視在日常生活中，懷抱善意的大人與過度緊張的女兒之間常出現的相處模式。我們會提到怎樣的模式是行不通的，以及為什麼。此外，我們也會提到經過測試有效的策略，幫助女孩在短期與長期面對自己的緊張與擔心。

迴避會助長焦慮感

最近的某個週二，我在羅倫女子學校工作時，被拉進一場與某位學生的互動，這個經驗正好呈現了家長與焦慮的女兒在家常見的互動方式。就在我準備端著食物回辦公室時，我聽見一名學生從我背後走來。我轉過身，看見一名叫做潔米的十年級生。她看起來活潑外向，但當時很明顯地處於恐慌中。

「達摩爾醫生！你現在有空嗎？」

「當然囉。」我當然樂意放棄邊吃午餐邊回電子郵件的計畫。潔米跟著我穿過走廊，走下幾級階梯，來到我常被學生們戲稱為哈利波特辦公室的小房間。我在羅倫女子學校的辦公室就像哈利波特在達利家的臥房一樣，位於學校中央樓梯的下方，曾經是一個大型的打掃用具儲藏室。雖然聽起來很奇怪，但這個空間其實非常完美，座落在學校最主要的走廊上，卻避開大部分人的目光，所以女孩們或家長們能在和我見面時保有絕對的隱私。

我把盤子放下，問道：「發生什麼事了？」潔米立刻淚流滿面。她一手按著肚子，一手抓著椅子扶手，然後開始過度換氣。我雖然很習慣和非常不安的女孩會談，但還是被潔米徹底崩潰的速度嚇了一跳。這證明了在我們進入辦公室的祕密空間前，她正以最後一絲努力撐住自己。一關上門，她就潰堤了，壓抑的情緒傾瀉而出。

「我今天沒辦法考化學考試。」她急促地說。「我還沒準備好，我會不及格，我的成績就全毀了。我不能考試。」她頓了頓，深吸一口氣，然後哀求道：「你能讓我請假嗎？你能幫我寫一張字條之類的嗎？」

我相當困擾。在這間學校裡，我沒有讓學生免去考試的權力。我是來提供她們協助，而不是來任意更改學校規範的。不過，我同時也完全同意，以潔米現在的狀態，她是不可能接受考試的。

「化學課是哪一節？」我問道，一邊試圖在潔米和她的老師之間找到我能介入的空隙。

「最後一節。」潔米頓了頓，呼吸開始回到正常的節奏。我看見她的緊繃逐漸退去，她充滿希望地補充了一句：「也許我爸可以在上課之前來帶我回家。」

當我聽見逃離學校帶給她多大的寬慰時，我身為多年心理醫生的中心思想便竄進腦海裡。我把想保護的直覺推到一旁，提醒自己：如果我現在讓潔米避開那場考試，那大概是我能提供的協助中最沒有意義的行為。

原始本能會叫人逃離威脅。轉身就跑的確是個好主意，尤其是當你面對的威脅是一棟燃燒中的大樓、一場顯然不安全的喝酒派對，或是充滿侵略性的芳香劑推銷員時。但是，在許多情況下，逃跑其實是個很糟糕的決定。因為，我們在學術心理學中學到的一切在在都告訴我們，逃避只會讓焦慮感更加劇。

迴避不只會助長焦慮，它其實是一個有兩道菜的套餐。首先，逃避潛在威脅會讓人感覺很舒服。事實上，迴避就像是一種特別強力、快速的特效藥。潔米光是想到讓爸爸來救她逃離化學考試就感到好多了。但是，暫時逃避化學考試所獲得的釋放，很快就會被伴隨下一場考試而來的恐懼所取代，她會更擔心下一場考試的成績。再來，逃避我們內心的恐懼，會讓我們無法發現這些恐懼也許是被過度膨脹了。如果潔米真的想辦法蹺掉了考試，她可能就會讓自己喪失了發現這場考試也沒那麼糟的機會。

事實上，當人們規律地逃避害怕的東西，就有可能讓那些事物成為澈底的恐懼症。想像一位叫做瓊安的女人，她非常怕狗。瓊安走在街上，每次只要看到一隻狗朝她走來，就會湧起一股恐懼感。所以她理所當然地會選擇走到馬路的另一邊，好避開那隻狗的行動路線。每次只要她走到人行道的另一側，她就會感到好多了，這讓她下次見到另一隻狗時，更容易想逃到對街去。在這個狀況下，瓊安從來沒有機會碰上一隻友善的狗。她會持續相信自己該避開所有的狗，並且知道遠離牠們就能為她帶來立即的舒適感。

心理學家知道要怎麼治療恐懼症。我們能幫助像瓊安這樣的人掌控她不合理的恐懼，同樣的方法也能幫助女孩面對過度膨脹的焦慮感。

要治療瓊安的恐狗症，作法相當簡單。我們會教瓊安一些基本的放鬆技巧，並衡量她能在和狗來到多近的距離時仍保持冷靜。透過所謂的「漸進式暴露療法[2]」，我們幫助瓊安循序漸進地和狗進行接觸。我們可以先讓她看狗的照片，同時運用規律的呼吸技巧讓她保持平靜。接著我們會讓瓊安站在距離一隻狗一個路口遠的位置，然後讓那隻狗逐漸走近她。過不了多久，瓊安就能享受，或至少能夠忍受一隻狗出現在近距離的地方。

回到潔米的例子上，我鎮定下來，溫柔地說道：「等等，我們先不要打給你爸爸。我想我們可以一起想個辦法。」潔米顯然不喜歡我阻止她逃離的意圖，但衝出學校的念頭至少讓她平靜到能和我對話。

「化學課發生什麼事了？」我問。「這堂課對你來說很難嗎？」

2 又稱為系統脫敏法，是一種認知行為療法，旨在幫助患者克服恐懼或其他焦慮症。

「通常都還好，但我搞不太懂這次考試要考的範圍。」

「你有去找老師幫忙嗎？」

「有，她是個好老師，但我還是不知道我有沒有聽懂。」

「我知道你為什麼害怕。」我說。「我也知道你為什麼來找我。但如果你沒有正面迎戰，我擔心你之後會感覺更糟。」潔米嘆了口氣，表示她願意接受意見。我問：「你從現在開始到考試前，有自習課嗎？」

「有，午餐後就是自習課。」

「不然這樣好了……你要不要去找化學老師，看她能不能在考前幫你最後做一次說明？如果不行，我希望你上網找教學，把你擔心的章節再讀一次。最重要的是，我希望你去考試，就算你怕成績會不如你的預期。」

潔米不太情願地同意了這個計畫。幾天後，我在走廊上遇到她，便問她後續的狀況。

「我在上課之前找不到老師，我也不覺得我考得夠好。但在考試前，有很多女生都在問老師那些我也不懂的東西，所以老師說我們可以晚點再教一次，如果有需要的話，我們也可以訂正考卷來拿一些分數。」

「那聽起來不算太糟囉。」我用半問句的口吻說道。

「對。」潔米同意道。「真的沒有那麼糟。我想最後分數應該會還可以。」

當你的女兒希望你能挺身站在她和恐懼的事物之間，你必須抑制自己的衝動——那股必須拯救她的保護衝動，並把焦點轉移到幫助她釐清焦慮的原因。舉例來說，如果女兒告訴你，她沒辦法去參加鋼琴發表會，就想辦法幫她找出她覺得自己做得到的部分。她能不能一邊思考發表會的事，一邊把那首曲子彈給你聽？她能不能邀請幾個鄰居，練習彈給他們聽？她能不能和鋼琴老師確認一下，如果她報名了發表會，卻在最後一刻改變心意，會發生什麼事？她能不能先試著上台，看看自己能把曲子彈到哪裡？如果這些問題都失敗了，請去和她的老師談談，了解女兒在哪裡遇到了瓶頸。簡單來說，就是幫助她走向威脅，就算是嬰兒學步的速度也好，而不是讓她逃離。女兒也許不會喜歡這個方式，但從長遠的角度來看，逃避威脅所得到的瞬間解放感，對她的焦慮只會帶來負面影響。

如何處理情緒崩潰

你可能真的很想鼓勵女兒面對心中的恐懼。你可能已經試著向她分享可以透過哪些方式來接觸讓她舉足不前的狀況。如果你已經走過這條路，你也許會發現大部分父母試圖幫助女兒度過難關時，都會面對的困境：她覺得你所有的點子都沒用，所以通通拒絕了。為人父母有許多有趣的時刻，但這樣的狀況並非其中之一。事實上，當一個少女把自己的困難攤在你面前，卻在你試著幫忙後顯得更難受，或許會讓身為父母的你感到更悲慘。

這是怎麼一回事？

她是在藉由讓你跟她一樣無助，來讓你知道她有多無助。我們有許多分享感覺的方式，在最好的狀況下，我們能把情緒轉換成文字，描述給生命中在乎、支持你的人聽，並知道他們會報以溫暖與熱情。但在不好的狀況下，我們會被情緒壓垮，並用轉嫁的方式傳達給其他人。當我們生氣而決定找架吵時，就是這樣的心態作祟。這也是為什麼一個感到走投無路的女孩會讓愛她的長輩們很快也感到走投無路。

試著幫忙、勸誘或建議一個被壓力壓垮的人通常不會奏效（例如叫人冷靜下來通常會造成反效果）。如果我們希望對女兒帶來實質的幫助，就得在女兒面對排山倒海的情緒感到無力時，找到方法來陪伴她們。

有一個相當聰明的方式能用來回應心情狂亂的女孩，是我在一趟去德州的旅途上親身體驗、學會的。我當時正和幾個同事在達拉斯一間優秀的女子學校裡工作，我們聊到女孩的情緒能變得多麼強而有力、勢不可擋。「那就是亮片冷靜瓶派上用場的時候了。」其中一名諮商師說道。

在繼續說故事之前，我得先承認，我不是一直都那麼友善。面對所謂的流行心理學，我有時候會變得既尖銳又批判；對那些我覺得過度少女化的事物，我也會變得同樣強硬。

所以，當「亮片冷靜瓶」一詞一出現，以上這兩個警鈴便同時響了起來。那名諮商師很快地離席，然後拿著所謂的冷靜瓶回到現場——那是一個透明的罐子，大約十二公分高，裝滿水，裡頭沉澱著一層紫色亮片。冷靜瓶的瓶蓋被緊緊黏住，當她把瓶子放在桌上時，在移動過程中四散開來的亮片很快就沉到底部。我們看著一個能夠直接看穿的小瓶子，我懷疑地等著聽這位諮商師要怎麼說下去。

「如果有女孩因為恐慌跑來我的辦公室，」她帶著一口達拉斯口音說道：「我看得出她們處於一團混亂，我就會拿出冷靜瓶這樣做。」她拿起玻璃瓶，用力搖動，原本平靜的液體立刻揚起一團亮紫色的暴風雪。「然後我會對她說：『這就是現在你腦子裡的樣子。所以，首先，我們讓你的亮片沉澱下來吧。』」諮商師把瓶子放在我們之間的桌子上，我盯著它看，澈底上鉤了。我看著漩渦轉得越來越慢、亮片暴風雪漸漸緩和下來，我突然意識到，這些諮商師創造了一個完美的模型，描繪了情緒在青少年腦中的樣貌。

在十二到十四歲之間，青少年的大腦展開一場澈底的翻新。它會修剪多餘的神經元，並成熟進化成靈活的思考機器，能在舊的理論中找出新的論點，翻轉思維，從多方面檢視，並同時接受相反的論點，例如一邊愉快地看卡戴珊姊妹們奢華的生活，一邊又選擇對她們的生活進行深入的批判性思考。

不論如何，這場神經系統革命的發展順序就和大腦還在子宮裡時一樣：從靠近脊椎中心的主要區塊開始，逐漸往較複雜的額後區塊前進。實際上，這代表位於原始邊緣系統的大腦情緒中心，在位於發達的前額葉內的觀點維護系統更新之前，就已經先進化了。青少年的邏輯思考能力在冷靜的狀態下，能夠和任何一個成人一樣，甚至超越成人。但當青少年感到不安時，強烈的情緒起伏便會影響整個神經系統，掀起一場讓人目眩的亮片風暴，並將你平時能夠講道理的女兒變成蹲在地上哭泣不止的小女孩。

因為我個人對亮片反感，不想買製作冷靜瓶的材料，所以我在羅倫女子學校的辦公室裡沒有這個道具。但是我依然熱情鼓勵那些在乎青少年的朋友和同事自己製作冷靜瓶。我在德州得到的經驗改變了我在家中和學校面對身處壓力漩渦的女孩的方式。我腦中會出現那位諮商師所說的話：「首先，我們讓你的亮片沉澱下來吧。」現在，我會先問她們需不需要一杯水，如果環境許可，或許還有點心。我會要自己保持耐心與平靜，一邊問她們要不要散個步、舒展一下雙腿，或是給她們幾張我留在手邊的著色畫。

要克制自己別太快提供意見或質問女孩怎麼會讓自己陷入這步田地，並不是件簡單的事。但當我保持安靜，先讓她腦中的暴風雪有空間平息，兩件非常重要的事就發生了。

首先，女孩會發現我並沒有被她的情緒嚇到。這似乎不是什麼大事，但我們必須謹記在心，現在女孩的前額葉正被情緒填滿，在短時間內，她無法對讓她陷入恐慌的事情有任何客觀公正的看法。當大人能夠平靜、不敷衍地回應她，女孩會知道我們能夠處理現在的情況。這會比驚慌失挫的反應更能安撫青少女，否則他們會覺得我們和她一樣，都對她的情緒感到害怕。此外，大部分的家長應該都已經透過不佳的經驗得知，試圖給已經超過負荷的女孩更多意見，或是問她怎麼把自己搞成這樣，會把她腦中的冷靜瓶搖得更混亂。

再來，等到亮片風暴平息，女孩的理性就再度上線了。在腦子清楚的狀況下，她才能去思考怎麼打敗讓她無比焦慮的問題來源，或是得出結論，發現這個問題沒有她想得那麼可怕。這可以解釋在青少年家中經常發生的混亂局面。首先，少女崩潰了。再來，她拒絕父母提供的任何幫助與建議，然後帶著無限的焦慮躲回自己的房間。她的父母（現在也在崩潰狀態）驚慌地考慮各種可能性：把女兒打包送進心理醫生急診室，或是請牧師來一趟、進行緊急開導，或是搬家、讓女兒能從頭來過。

最後，女孩會帶著能夠理性討論的心態再度出現。她會和困惑卻鬆了一口氣的父母分享自己有深度的見解，或者尋求他們的建議，或者完全恢復正常，好像那些事完全沒發生過一樣。作為父母，留一點空間給女孩，讓她們的神經風暴沉澱，幾乎就等於解決了問題，或至少有解決問題的可能性。

話雖如此，照顧女孩的腦內風暴也許是教養中最困難的事之一。不論女孩此刻的情緒是否過度膨脹或不合理，這都不重要，這些情緒對她來說都是真的，對愛她的家長來說也是。當你的女兒失去了客觀的視角，你也很容易被她影響。因此，如果能事先為這些時刻做好計畫，會有很大的幫助。我的一個朋友就在碗櫥裡準備了一大堆不同口味的茶葉，當女兒情緒不穩時，就能派上用場。為了讓自己在等女兒沉澱時也能保持冷靜，她會把茶葉一一取出，整齊地排在女兒面前。花草茶好嗎？或是要一點咖啡因？哪一種口味比較好？要不要加點牛奶或是蜂蜜，可以讓茶更好喝？

作為父母，在女兒崩潰的時候，我們應該要給予回應，但不是過度反應。和女兒討論茶葉，能讓她知道媽媽就在這裡，提供完全的支持，卻不會讓自己困在女兒快速旋轉的情緒裡。也有些家長會安靜傾聽，再悄悄向伴侶或值得信賴的朋友尋求支持或協助，來達到微妙的平衡。但所有的父母都需要謹記「二十四小時」原則：不要馬上針對女兒的崩潰情緒採取任何行動，至少要等一天過去再說。所有的父母都需要策略來脫離女兒的情緒風暴，給你自己一點時間，找到你和女兒都能接受的方法吧。

如何回應過度反應

就算女兒還沒有完全歇斯底里，所有年齡層的女孩也都有表現擔心和不合理恐懼的時刻。她們會說：「明天午餐的時候沒有人會和我坐在一起。」或是「我永遠都當不上學校話劇演員。」或是「我不可能考上大學了啦。」我聽過以上各種發言，其中有些甚至是來自非常受歡迎、非常有天份的話劇演員，或是收到好幾封大學錄取信的女孩。在這些時刻，我們的直覺是對她們作出保證。我們會說：「不會啦！」然後希望這件事就此打住。

如果這樣說通常能成功的話，我們的女兒就不會這麼焦慮或有壓力了。當然，有時候我們溫柔的言詞的確能一舉消除她們的焦慮。但在一般情況下，對她們提出保證就像是在玩老掉牙的打地鼠遊戲。她們的焦慮就像冒出來的地鼠，我們的樂觀態度則是那把槌子。我們把她的擔憂打回洞裡，另一個憂慮便會從別的洞裡冒出來。我們再度出擊，卻會發現原本的擔憂又再次出現。

為什麼針對不合理的擔憂，這樣的保證會無效呢？因為不論她的問題看起來有多愚蠢，你的回應都沒有在認真看待它，這會讓女孩覺得你在敷衍她。如果我們希望一舉解決她的擔憂，我們必須以誠懇的態度來面對。

要達到這個目的，我們有幾個選項。你對於女兒的了解以及她產生憂慮的前因後果會幫助你決定該如何應對。有時候，我會輕鬆地問女孩：「你想要玩個『最壞情況』的想像遊戲嗎？」如果女孩同意，我就會說：「好，假設你的預想是對的——明天沒有人會跟你一起吃午餐。」我會以介於中性與輕快之間的語氣這麼說，讓她知道我完全接受這個不快樂的可能性。「如果這件事真的發生了，」我會問：「那你要怎麼做？」

家長先做出榜樣，接受壞情況發生，就能幫助女兒模仿。接下來，我們就能想個辦法繼續前進。請花些時間認真與女兒探討策略，就算我們認為她的擔心太誇張也一樣，這能幫助她們冷靜下來，並更能掌控情況。

「我不知道。」一個女孩這樣回答我：「也許我會先早點問一個朋友，看她要不要跟我一起吃飯。」

「好主意。如果這樣沒用呢？還有什麼是你能做的？」

「如果有需要的話，我們也可以把午餐帶到安靜的讀書區去吃。」

「你想嗎？」

「不想，但是有些人很常去讀書區吃飯，我滿喜歡她們的。我可以問她們隔天要不要一起去餐廳吃。」

這是其中一個方法。

如果我認為玩「最壞情況」的遊戲會讓女孩覺得太油腔滑調，我會換成另一種很類似的方式，那也行得通。在使用這種方法時，我會先提醒自己，人生中發生的事可以分成三類：我們喜歡的事、我們能應付的事，還有會引發危機的事。和夠多年輕人相處過後，我們會知道，孩子或青少年情緒不佳時，他們會忘記中間的那個類別。有時候，他們會相信，如果事情不照著他們希望的方向走，他們就要面對危機了。大人的責任就是提醒他們用另一個角度來看待眼前的情況。

在十月下旬的一個晚上，一位名叫茉莉的十一年級生提醒了我，當她們覺得理想中的結果與災難之間的界線消失時，這樣的壓力會有多大。由於高中的籃球季開始了，茉莉和我會面的時間從平時的三點半改成了下午六點，這樣我們就能在她練習完之後碰面。當我去等候室裡找她時，茉莉看起來疲憊不堪。她下垂的肩膀與鐵青的表情在在都告訴我，不論她有什麼困擾，都不只是我們把會面時間改到累人的運動之後這麼簡單。

我們打了招呼，茉莉便跟著我進入辦公室。我自己的診間和我在羅倫女子學校的樓梯下小房間不同，四面牆中有兩面裝了大窗戶。但在十月底的這個時間，太陽已經快完全下山了。這是我們會談的五個月以來，第一次在室內燈與檯燈的光線下碰面。

「怎麼了？」我問，明確表示我樂意讓她決定會談的內容。

「籃球快要搞死我了。」茉莉用挫敗的語氣回答。「這真的不是開玩笑的，我覺得我可能是校隊唯一一個二隊成員。」

「噢，聽起來不太妙。」我同情地說道。「為什麼？」

「我去年差點就進了代表隊，而且我去年打得很好，所以這本來不該是個問題的。但我在暑假的時候扭傷腳踝，現在舊傷又開始痛了。我的教練知道我已經盡力了——」茉莉頓了頓，喪氣籠罩了她的面孔。「但我在板凳上的時間變得有點太多了。」

「體能訓練師怎麼說呢？」

「他看起來蠻樂觀的。他說如果我現在放輕鬆一點，應該很快就會好了。但我知道教練已經準備把我放到二隊了。」茉莉的聲音緊繃起來。「她一直在說有多少十二年級生打得很好，她們當然全都會進代表隊，也跟我說，不管他們最後怎麼決定安排隊伍，我都還可以是隊長。」

「我很遺憾。」我說。「你的腳踝這樣真是太糟糕了。」

「對吧？」茉莉說。「我快瘋了。我緊張到上課都沒辦法專心。我一直在想我什麼時候可以去冰敷和包紮腳踝。我把做功課的時間都拿去上網找治療腳踝扭傷的方法了。」

「我知道你最不希望的事情就是被放在二隊。」

「對。」她說，然後用我意料之外的輕率口吻補了一句：「我乾脆去當保母好了，反正我很快就要變成隊上最老的球員了。」

「但就算這是你不喜歡的狀況，我覺得還是有些事是你可以應付的。」

我發現在面對焦慮的孩子或青少年時，我很常用兩個詞：糟糕和應付。當他們和我分享壞消息時，我發現，只要能真心地說一句：「天啊，真是糟糕。」他們就會知道，我並不是要試著要逼他們覺得好過一點。雖然看起來沒什麼大不了的，但光是這個小小舉動就能提供很大程度的支持。確實，每次只要我使用這個技巧，我就會再度見識到直截了當的同理心能帶來近乎魔法般的療癒能力。

如果她們需要更進一步的幫助，我便會開始教導女孩使用手上現有的牌。對我來說，問女孩想要怎麼應付某件事，就像是對她的信心投了贊成票。這讓她在自己的困境裡有了說話的餘地，並讓她從單純希望問題能消失的弱勢地位中走出來。如果她發現自己的確還有什麼事可以做，那很好。如果她真的被困住了，我們就能使用先前所提到的應付棘手壓力的方法：首先，她必須找到方法接受現況，然後，她要找到能讓自己心情好起來的事情。

「我可以應付自己在二隊這件事。」茉莉說。「我就只是不想。」

「可以理解。」我說。「但這件事聽起來好像沒什麼討論空間了。」茉莉歪了歪頭，扮了個鬼臉，告訴我她很不想接受這個事實。「如果你不要繼續掙扎呢？」我問。「如果你接受這一季可能和你想的不一樣的現實呢？」

茉莉突然看起來很難過，卻也比較放鬆了。

停頓了一會之後，她回答：「我是可以打二隊啦，我覺得。而且我也可以確保在明年之前，我的腳踝狀態會恢復正常。」

「二隊裡有什麼事情是你喜歡的嗎？有什麼辦法能讓你更自在一點嗎？」

「二隊有幾個十年級的女生很有趣，比起代表隊的人，我更喜歡她們一點。既然我注定都要和十年級的學生待在一起了，我還不如好好跟她們相處。」

叫一個人接受他不想要的狀況並不是一件容易的事。但當我們能接受女兒情感上的不適，我們就能幫助她們忍受痛苦的狀況。雖然直覺可能會叫你做出保證，但太快就這麼做，例如對她說「二隊一定也很不錯呀！」聽起來會很像在表達「你的壓力讓我感到不自在。」相反地，認同這個狀況很糟、需要她想辦法應付，就像是在傳遞一則強而有力、能夠舒緩壓力的訊息：「我真的對你現在這個狀況覺得很遺憾。好消息是，這不是個危機，我會在這裡陪你解決。」

當女孩表達荒謬的擔憂時，我們最容易反射性地給她保證。當我聽見女孩說出「我真的快被期中考搞死了！」或是「我這輩子都要一個人度過週末了啦！」的時候，我真的得控制自己的肌肉，才不會讓保證脫口而出。在這些時刻，我們得有一個既不敷衍、也不加強她恐懼的回應。幸運的是，多虧我過度的自制力，我已經找到了一個可靠的解法：去同理她覺得這件事有多糟的感覺。

下次，當你女兒告訴你「所有的老師都討厭我！」的時候，試著感同身受地回答：「喔，寶貝……光是有這個想法，你一定就很難受了。」如果是「我代數要被當了！」，試著說：「嗯，我不覺得有那麼嚴重，但現在你一定覺得很悶。」如果你覺得某個對話讓你感到特別無助（例如「沒有人能拯救我的代數啦！」），讓你的女兒知道她已經有效傳達了她的情緒，然後從這個對話的死胡同裡跳出來，溫柔地告訴她：「我知道你現在覺得很無助，我也可以想像這感覺有多糟。」

主動同理女兒的壓力不僅有效，也比提供保證來得更好。用這樣的角度來想：就算女孩堅持所有的老師都討厭她，但從某個層面來說，她也知道這不是真的。她真正想說的是，她感到非常、非常不快樂。如果我們針對她的話去爭執，或是用過度樂觀的態度回應，我們就搞錯重點了。女兒會表現得更加不悅，讓你知道你沒聽懂她的話。如果我們清楚表明我們懂、我們可以接受她感到很不開心的事實，女兒就會從我們的同理心得到安慰。在這之後，她會更樂意找出解決方法，或是直接放下她的困擾。

低潮是正常的

如果你的女兒是個正常發展的女孩，她一定會有崩潰的時刻，你沒辦法阻止。好消息是，她的情緒潰堤並不代表她整體的精神健康狀況。

同樣地，當女孩宣洩暴風般的挫敗感，或是被沉重壓力壓得喘不過氣，以至於當你問她晚餐要吃什麼時，她用很糟糕的態度回嘴，或是抱著膝蓋大哭，看著這樣的畫面令人很難承受。這些時刻對為人父母的我們來說並不容易，通常也會需要足夠的耐心才能處理恰當。你雖然不能控制女兒的心情有起有落，但對於你自己的反應，你仍然有很多選擇。

數十年來的研究告訴我們，女兒會觀察我們的反應，細微到我們一閃而過的面部表情，可能都會讓她們的不適持續，甚至變得更嚴重。驚慌地衝去拯救女兒脫離她其實能夠應付的威脅、試著用道理舒緩女兒的亮片風暴、嘗試用空洞的保證消弭她們的擔憂，或用憤怒來回應，這些毫不意外地會加深女兒的恐懼。相反地，提供適當、平靜的回應，能為女兒當下的困境或長期壓力帶來強力而正面的影響。

但溺水的人自顧不暇，所以當我們自己的情緒也緊繃不堪時，我們不可能平靜地面對她們的崩潰。如果你自己正面對排山倒海的壓力，或是自己也時常經歷高強度的焦慮，請確保你也得到了應有的支持，為了你自己，也為了女兒。研究顯示，緊張的父母更有可能養育出容易害怕和難以面對壓力的孩子。

作為家長，我們不必是某種禪學大師，能夠用事不關己的平靜來面對情緒的困境，我們也不應該是。當我們對女兒做出以後我們會後悔的反應時（比如面對因為壓力而變得尖酸刻薄的女孩時，我們自己也情緒失控了），我們可以提醒自己：女兒也非常有韌性，我們不需要是完美的。

不論如何，我們都應該認真看待自己承受情緒的底線，並想辦法降低自己生活中的壓力。女兒深受我們的精神狀態以及我們在家中營造的情緒氣氛的影響。所以，讓我們把焦點先轉移到家長能做的事上，讓我們先把自己的氧氣罩戴好，才能在女兒快被壓力壓得喘不過氣時，做出有幫助的反應。

如果壞消息影響情緒

雖然使用心理防衛機制聽起來像一件壞事，其實並不盡然。當我們說一個人正在「自我防衛」，這絕對不是稱讚，但是，沒有任何人可以在缺少自動心理防護下，好好活過一天。我們依賴自己的防禦系統，抵抗令人感到壓力的情緒體驗，而這通常是無意識的。舉例來說，如果我們錯過了公車，然後告訴自己：「嗯，好吧，就多走一點路當作運動吧。」我們就是在運用「合理化」這個防衛機制，讓我們從壞事裡找到優點。當我們生老闆的氣，決定透過漫長的路跑來發洩，我們就是在透過「昇華」，將負面的感覺導往有價值的方向。

如果我們在任何時候都使用同一種防衛機制，或是這些機制開始扭曲現實，這樣的防護就是有害的，例如人們拒絕承認真實發生的事件（否認），或是堅持把自己不想要的感覺——慾望、怨恨或嫉妒歸咎到別人頭上（投射）。但只要我們運用的防衛機制不會扭曲現實或破壞與他人的關係，這些心理上的盾牌就能給我們空間，對抗日常生活的各種心理威脅。

「間隔化」是一個比較沒沒無聞，卻相當有價值的心理防衛。用一句話來描述，它就是「我現在不要去想它就好了」的機制，而我們每天都在規律地使用它。舉例來說，開車的人都知道，如果路口有個人闖紅燈，可能就會引發嚴重的車禍。但如果我們一直認真去思考這個可能性，我們就不可能坐上駕駛座了。所以我們開車前往必須去的地方時，我們就決定不要去想這件事。

接觸世界上的壞消息會對我們的情緒造成影響。現代社會讓我們更難「不去想」那些不在我們生活週遭的壞事，尤其有無所不在的行動裝置不斷幫我們更新來自全世界的資訊。世界上總有地方正在發生不幸事件，當我們接觸的管道只有每天早上讀的報紙和晚間電視新聞時，將這些事間隔化就簡單多了。當然，能夠對全世界的局勢有更遼闊、更深入、更即時的了解絕對不是件壞事。能成為一個對世界有所了解的人，無庸置疑是有價值的。此外，對世上的事件有所理解，並對其他人受的苦難有同理心，可以督促我們做出有價值的行動，並提醒我們不要將自己的好運視為理所當然。

但我們必須知道，不斷獲取資訊是有代價的，尤其當資訊會帶來壓力時。一連串令人不快的資訊更新會讓我們神經敏感，並讓我們強迫性地不斷檢視，等著看最新發展。

我們也該記得，媒體本來就是宣傳正在發生的不幸事件，而不是沒有發生的壞事。這樣偏頗的描述會不必要地加強我們的恐懼。雖然這個世界已經比過去幾十年來少了許多戰爭，客觀證據也顯示，衝突造成的死亡人數比一九六〇、一九七〇和一九八〇年代減少了許多，但美國心理協會所做的調查顯示，大部分的成年人都比過去十年更擔心自己的人身安全，並對此感到壓力極大。這些擔心所反映的現狀雖然完全因人而異，但整體而言，雖然美國的暴力犯罪和殺人事件的發生比例和十年前相比有急遽下滑的趨勢，人們的憂慮指數卻和這個走勢不符。

更準確地來說，媒體追求點閱率的行為代表當我們聽到關於青少年的事情時，內容多半都是危言聳聽的消息，卻會讓家長感到不必要的憂慮。其實，我們養育的這一代是有史以來行為最乖巧的孩子了。與過去幾代的青少年相比，現在的青少年抽過大麻、古柯鹼或迷幻藥的比例降低了，飲酒或飲酒過量的人也變少，抽煙人口也是。他們比較願意戴上腳踏車安全帽、繫上安全帶，也比較會拒絕搭乘酒駕的車輛，甚至是發生性行為的比例也比以前的青少年少。就算他們真的有發生性行為，現在的青少年性伴侶比例較少，也更願意使用保險套。我們的青少年的確面對一些新出現的危險，例如電子煙和鴉片（但這發生在成年人身上的比例比青少年更多），但他們的底線其實很清楚。現在的孩子整體而言比我們以往都更懂得照顧自己。

但這不代表我們再也不用擔心青少年了——這當然是父母的天職。我們也不應該無視或忽略天天在我們身邊上演的人類與環境災難。但我們應該知道，媒體與數位平台帶給我們的訊息都是為了吸引目光。現在這個世代，每個人都攜帶著訊息傳遞裝置，醒著的每一個小時都在使用，要吸引我們的目光是再簡單不過了。

選擇要接收多少來自世界的消息是一個非常個人的決定。但這是現代科技讓我們每個人都得思考並做出的決定，尤其是當獲取資訊的代價對我們造成的心理影響已經漸漸大於益處的時候。我們太容易先入為主地認為資訊要越多越好。對某些人來說這也許是事實，但並非對每個人都是如此。如果知道太多新聞會讓我們心理過度反應，我們的焦慮便會無可避免地加諸到孩子身上。如果媒體總是關注關於青少年的壞消息，讓我們把堅強穩定的女兒當作她們很脆弱魯莽來對待，我們應該為了女兒重新考慮我們與新聞的關係，或許也該開始有意識地間隔化了。

收集情緒垃圾

我們現在接收到的令人焦慮的世界資訊比以往任何時代都還多，同樣地，多虧了數位科技，我們比以前任何一個世代的家長更清楚知道孩子的生活細節。但是，我們也不該先入為主地認為接受源源不絕的資訊就是一件好事，尤其是關於孩子不安或焦慮時刻的資訊。

心理學家早已了解，有時候，青少年會把自己不想要的情緒轉嫁到父母身上，希望減緩自己的痛苦。在手機發明以前的世代，青少年會透過在晚餐時間投下震撼彈來達到目的，例如說一句「喔，對了，車子該換擋風玻璃了」，然後心煩意亂地向父母抗議他們反應過度了。事實上，孩子很可能已經花了一天的時間自責擋風玻璃破掉的事，但最後她對負面感覺的忍耐也到了臨界點，所以她把自己的壓力丟到父母身上，就像人們倒垃圾一樣。她把壓力拋開，再也不想有瓜葛。對想要丟棄情緒垃圾的女孩來說，這個方法是有用的，能讓她鬆一口氣，但對不得不當垃圾桶的父母來說，可能就沒有那麼舒服了。

事實證明，手機是世界上最方便的垃圾回收管道。以下的情節對有幸擁有手機的青少女和她的父母來說，可能再熟悉不過了。女孩可能會傳一封看起來荒謬不已卻讓人擔心的簡訊，讀起來像這樣：「跟你說一聲，我要輟學啦。」她的家長很可能會好奇地回一封訊息：「噢不！怎麼了？」搭配一個擔心的表情符號，但女孩卻不回了。然後，家長便會繼續過今天的日子，卻被這封簡訊背後可能的原因困擾不已，他們也許會試著再度聯繫女孩，卻發現仍然無法從女兒身上獲得更多資訊。為什麼？因為女孩只是想把情緒垃圾倒掉而已，而不是想和現在帶著這包垃圾的父母討論先前讓她極度不適的感覺。

當父母和女兒晚上終於碰面時，劇情可能有幾種不同的發展。但最有可能的結果是，女兒在拋下情緒垃圾之後，就立刻覺得好多了。換句話說，父母有可能花了一整天擔心女兒早已忘懷，或是到家時已經沒興趣再討論的問題。

在經歷幾天收到十四歲女兒傳來令人擔憂的簡訊後，我一個朋友想到了一個相當聰明的辦法來改善這樣的互動。我朋友買了一本美麗的筆記本，交給女兒，告訴她：「我們試試這樣吧，你平常想要傳簡訊給我的時候，就把你想說的話寫在筆記本裡。」於是女兒把筆記本當作一個儲藏室，把她在學校時不舒服的念頭與感覺寫在裡頭。晚上回家後，她幾乎沒有興趣把她的筆記分享給媽媽，也幾乎忘記了那些事。不過有些日子裡，她的確也迫不及待回家和母親分享一些學校不快樂的小事件。

筆記本解法同時有效地達到了三個目標。首先，筆記本阻止了女孩連珠炮般的焦慮訊息，又完全沒有敷衍她的意思。第二，我朋友不用說太多，就已經讓女兒知道，在學校發生的事，沒有哪一件是急需母親介入的，就算有，她也相信她會透過學校的成人得知。換句話說，這本筆記本提醒了女孩「能應付的事」這個類別的存在，不讓她因為太不開心而忘記了。最後，當女孩的確有擔憂需要討論時，多虧了筆記本的存在，她的母親不會花費一整天在擔心她。毫無疑問地，這讓我朋友更能以平靜、適當的態度回應女兒的擔心。

有時候父母知道得太多了

身為數位時代的父母，這代表我們接收到關於孩子生活的資訊，可能遠超過他們想和我們分享的程度。如果我們想要，我們可以讀到他們和朋友的對話、看到他們在社群媒體上的參與狀況，或是知道他們在網路上搜尋了什麼，甚至追蹤他們的實際位置。

從我的經驗中，我發現我無法提供一個一言以蔽之的解答，來告訴父母他們該掌握孩子的科技使用程度，或是使用科技掌握孩子的行蹤到什麼地步。這裡面有太多的變因，例如孩子的年紀、強迫行為的程度、行為紀錄等等。但如果我們從管理自己身為父母的壓力的角度來看，我想我們也必須承認，在現在這個世代，我們很有可能知道得太多了。有一天下午，在我的診間裡，友善而成熟的十七歲少女海莉深刻地讓我體認到這一點。她和父親經歷了一段火爆的對話。

她明顯很惱怒地說道：「我爸這個週末對我抓狂了，超可怕的。」

「發生什麼事了？」我毫不隱藏我的訝異。她和我認識的任何一個女孩一樣品行優良，所以我很好奇她爸爸會為了什麼事情抓狂。我知道他是個善良的人，但也是個容易焦慮和過度溺愛的爸爸。

「上週六晚上是返校舞會，崔娜家有個會後派對。她不是我的閨蜜，但是我們有很多共同朋友，我的朋友們在舞會後通通都要去她家。我爸媽不想要我去，因為他們聽過崔娜家的派對玩得有多瘋。」

我點點頭，暗示她不需要解釋太多，我知道有些高中生的家長是出了名地放任。

「我答應他們不去，但這讓我有點煩。」她說，聽起來既挫敗又無奈。「我們這群人全部都要去，而且我是平常開車的人之一，所以我把我的舞伴載去崔娜家，然後在她家前廊和崔娜的姊姊聊了大概五分鐘，她從大學放假回來。」

「我回到家之後，我爸就抓狂了。他用我手機的定位系統追蹤我的位置，因為我去了崔娜家就超生氣。對他來說，我有沒有留下來或有沒有進那間屋子一點都不重要。」

「噢。」我有點心不在焉地回答，思索著要怎麼回答才不會有選邊站的嫌疑。

「我跟他解釋說，車子不夠把所有人都載過去，所以我得當司機，他就比較冷靜了。」海莉喪氣地補充道：「他說我應該要先打電話讓他知道我要去崔娜家，還說現在他沒辦法信任我了。」

「噢。」我又說了一次，然後問道：「他真的有追蹤你的手機定位嗎？」

「說實話，我也不知道，我也不覺得他是要抓我的把柄或幹嘛的。我想他只是擔心我晚上出門，希望確保我的安全而已。」

一邊聽著她的故事，我一邊為海莉感到難過，因為她的確沒有做錯任何事。我也為她父親感到難過，因為他得到的資訊已經無法提供他幫助，反而毀了他的週末，還讓他和女兒的關係變得緊張。我和海莉及其他少女進行會談，聽著她們捲進以前在我們身上絕不會被父母發現的麻煩裡，這讓我想到了醫學裡某個類似的狀況：全身電腦斷層掃描。

電腦斷層掃描能提供我們一份鉅細靡遺的身體X光報告，讓我們在看似健康的個體身上即時找出嚴重疾病的初期徵兆。但大部分的醫生卻認為，對沒有病徵的人進行掃描是一件弊大於利的事。事實上，美國食藥署禁止電腦斷層系統的供應商把儀器推銷給沒有病徵的人，因為普通的結果也有可能帶來誤導，而「偽陽性」（不準確的病徵）會帶來更多不必要且更高風險的檢驗。身為父母，手機的作用也十分類似。就像電腦斷層掃描一樣，手機會提供大量資訊，既引起我們的焦慮，又難以解讀。

我們有許多理由去監督孩子使用科技的方式，但我認為，在決定看到什麼資訊該提高警覺時，我們需要更加小心。舉例來說，父母很常在檢查孩子簡訊和社群媒體上的鬥嘴時，驚訝地發現孩子都說著一口流利的髒話。這個訊息可以有幾種不同的解讀方式。有些家長可能會擔心女兒罵髒話這件事只是其他偏差行為的冰山一角，並開始懷疑他們的教育在哪裡出了問題，並開始懷疑她，對親子關係產生傷害。另一方面，他們也有可能會想起，挑戰權力和試探邊界的行為只是正常、健康的青少年發展；而我們自己在青春期時，也會在更衣室、公車上或課堂的小紙條裡使用各種髒話。

雖然我們很容易遺忘自己青春期的記憶，但也許我們應該要意識到，我們這個世代和孩子的世代最大的差異在於，我們的父母只是無法得知我們不在家時在做什麼，或是我們是怎麼和朋友說話，或甚至我們人在哪裡。他們或許因此睡得比現在的我們好。

將這個觀點謹記於心後，當父母發現孩子在網路上的髒話大全時，另一個可能的回應是，父母可以將他們發現事情的**地點**和**事情本身**切割開來。父母可以說：「我們知道你和朋友在旁邊沒有大人的時候會罵髒話，這樣沒關係。但你違反了我們給你手機時，你同意的『不要貼任何不想讓奶奶看到的東西在網路上』的規則了。如果有需要，你可以跟朋友說是我們禁止你在網路上罵髒話。」

當然，這個方法只適用於當父母清楚表示會控管女兒使用科技產品的狀況下。我通常不是一個很喜歡使用規則的心理醫生，但如果你會檢查女兒網路上的活動足跡，我想你最好讓她知道。第一，讓女兒知道你保留了檢查她手機和電腦的權力，就已經為她在網路上做出錯誤決定的可能性多加了一道減速器。此外，這也代表當你看見讓你擔心的資訊時，你有立場和女兒談談。以實際的角度來說，如果電腦斷層掃描在你的肝臟找到一個不尋常的小點，你會希望知道自己應該多擔心，或是該不該擔心。如果女兒的網路資訊讓你感到緊張，和她聊聊通常是最容易表達你的感覺的方法。

將電腦斷層的譬喻套用在青少年身上，問題就出現了：我們有需要監督一個表現良好的青少年使用科技產品嗎？和要不要追蹤新聞一樣，這也是個需要個人決定的事。但最關鍵的重點仍然一樣：知道更多，不見得更好。

如果我對監督數位足跡的挑戰有簡單的解決方案，我一定會提出來。但在那之前，我只能以作為數十年臨床醫生的經驗告訴你，對年輕人最好也最強烈的影響，是與至少一名成人保持良好的互動關係。身為現代父母，我們需要確保的是，我們監督女兒使用科技所花的時間，不會妨礙或威脅到這種連結。

為了保護我們與女兒的關係，我們應該記住，如果沒有和她保持清楚、直接的溝通管道，再怎麼監督她的數位活動，也無法保護她的安全。如果父母發現自己完全依賴監督女兒的通訊，才覺得自己和女兒有所連結，我總是會建議他們重新建立與女兒的關係，如果有需要，也可以尋求諮商師的幫助。除此之外，我們也該知道，我們在網路上看到的東西也許會毫無益處地增加身為父母的擔憂，並在家中造成沒有幫助的緊張互動。

放自己一馬

每天走路送我的小女兒去社區小學之後，我都會用回程的十分鐘路程，和其他有相同例行公事的家長聊聊天。有一年春天，我和一個住在附近、也有兩個女兒的爸爸展開了一連串的對話。他的大女兒也念社區的公立學校，小女兒則在車程十五分鐘的地方讀幼稚園。我朋友和他太太正在考慮該不該在下個學年把小女兒轉到社區幼稚園，或是讓她在現在的學校多待一年，再回社區小學讀一年級。

在每天十分鐘的時間裡，我們慢慢衡量他們家面臨的問題。兩個選擇都有各自的優缺點，我們討論得越多就越清楚，兩個選擇對女兒來說都沒有絕對的好處。最後我問：「有哪個決定會讓你們家比較輕鬆，讓你們能稍微喘口氣嗎？」

「喔，有啊。」我的鄰居說道。「如果讓她們念同一個學校，我們會輕鬆多了。她們的寒暑假和臨時假期就會一樣，我們也不用開車載小的上下學了。」

「如果兩個選項都差不多。」我回答：「而且換一個幼稚園能讓你們夫妻倆的生活輕鬆一點，我覺得那對你們家來說就是最好的選擇。」

我自己是透過吃虧才學會這一點的。我個人非常享受忙碌的感覺，不幸的是，我喜歡的忙碌程度與會把我壓垮的程度只有一線之隔。剛成為母親的時候，我最喜歡把一個星期的時間通通塞滿。我總是有辦法找出時間，幫我其中一個女兒再多排一堂美術課，或者我會找保母，趁我丈夫晚上出門的時候，再為我自己多排一場會談。當輪到我請全班吃生日點心時，我會提醒自己要親手做健康又好吃的小點心。我會堅持要同時有十件事在進行，而且每件事都要做得還算好。

但有時候小孩會吐。

我的車有可能會故障。

或是保母也有可能請假。

於是我的計畫就會被打亂，我的活動量表就會從忙碌瞬間跳到混亂。我在一陣慌亂中重排時間表，好照顧生病的孩子、想辦法讓我們家在只有一台車的狀況下把行程跑完，或是找臨時保姆。

我在這樣混亂的狀況下當了三年的媽媽，直到我和一名同事合寫一本教科書時，讀到關於日常困擾的研究。我一直都有閱讀心理領域論文的習慣，但只有少數研究能真正改變我自己的生活方式。我發現，小小的生活困擾累積起來也會產生巨大的影響，甚至可能比真正的災難還嚴重。當我其中一個女兒得了流感，我們家的問題就不只是她生病了而已。問題是，每個人的行程都排得太滿，她的病情為安排時程帶來雪崩般的問題。現在回頭看來，解決辦法也許再明顯也不過：如果我們在行程中給自己一點緩衝（我發現這不是每個家庭都有的奢侈品），就能有效減緩日常生活中意料之外或無法避免的壓力。在我有意識的情況下，我會試著停止問自己：「**我有辦法在這星期多做這件事嗎？**」而是改問：「**我應該這麼做嗎？**」

當然，我們永遠都不會知道預留的時間夠不夠，我也還是會不小心犯了過去安排太多事情的壞習慣。但我的人生總是會想辦法提醒我，把我們家的行程排到能力可及範圍的百分之七十五，才是最恰當的。

在不會把每個人的能力逼到極限的狀況下，家人的壓力和焦慮感就會減少。慢性緊張會被平靜所取代，當有事情不如預期時，我們要面對的就只是挫敗感，而不是危機。現在，有時候我會有點心虛地把在商店買的甜甜圈送去給孩子們，內心明知我有時間做更健康的點心（雖然孩子們不見得更喜歡）。但同時，女兒生病再也不會成為一場災難，我只需要把該做的事情改到行程表上的空檔裡，就能留在家裡陪女兒，順便用這段時間看部電影。

當一切都順利執行時，手邊有空閒時間就為我們創造了機會，能夠忙裡偷閒。有一個下著大雨的日子，我的小女兒認為穿上全副防雨裝備走去上學會是很棒的主意，她不想和往常一樣，在壞天氣時搭車去上課。我決定照著她的計畫做，因為我有時間在送她去學校後，再回家換上工作套裝。我們一路上踩著水坑走去學校，這個有趣的經驗讓我們回味了三年之久。

我們陪伴孩子長大的時間很短，身為父母，我們都想盡可能發揮到極致。這也許會讓我們想填滿時間軸，尤其是有明確目標的計畫性活動，例如加入運動隊伍或上課，或是在家裡做可愛的手作杯子蛋糕。但我必須提醒自己，就算和我的天性背道而馳，我們有時候也能享受擁有空閒時間。刻意不塞滿行程表雖然完全不符合我的直覺，但其實是一種可靠的策略，能夠減少我們生活中的壓力，並為日常生活增添更多喜悅。

財富有可能帶來壓力

我們可以選擇將行程排鬆一點，好讓我們更順利地接受無法避免的生活狀況。新的研究也指出，當家長選擇用比財富所及更簡樸的方式生活時，孩子們的壓力其實會減少。我們一直都知道貧窮會製造強大的壓力，但在過去十年內，研究已經明確證明，富裕對孩子和帶來的影響也許不像一般人認為的那麼好。事實上，透過心理學家索尼婭．路德（Suniya Luthar）和她的同事們所做的研究，我們發現，有錢人家的孩子面對的情緒問題有逐漸增加的趨勢。

路德醫生的研究顯示，有錢人家的青少年和收入較低的家庭的孩子相比，有更高的機率得到憂鬱症、焦慮症或有藥物問題。為了解釋這令人意外卻不可動搖的研究結果，專家們做出結論：物質富足的環境會為孩子帶來強烈的成就壓力。除此之外，研究也指出，財富會在親子間製造生理與心理的距離，因為高收入的父母通常工時都很長，而把自己的孩子交給保姆、家教或安親班來照顧。

但是，心理學家特瑞絲．倫德（Terese Lund）和艾力克．狄林（Eric Dearing）最近透過另一個角度來看富裕環境與青少年之間的關係。他們懷疑，究竟單單是錢的存在為年輕人製造了問題，還是他們的心理健康狀態被只有有錢父母能做的決定犧牲了？為了針對這個問題做研究，他們把先前的兩個研究變因拆開，分別觀察家長賺了多少錢以及他們決定的居住地。

研究過經濟與地理上有異的案例後，倫德與狄林博士發現，財富本身並不會對健康的心理發展產生影響。但是，一個家庭所在社區的富裕程度卻有很大的影響。成長在最富裕社區的女孩和住在中間收入社區的女孩相比，產生焦慮與憂鬱病徵的比例驚人地有兩到三倍之多。同樣地，住在最高級社區的男孩惹上麻煩的比例，也是住在中產階級社區的同儕的兩到三倍。

另一個心理學的核心概念是這樣的：面對壓力時，女孩比較容易內心崩潰，而男孩比較容易行為出格。換句話說，雖然住在有錢社區的男孩與女孩面對的問題並不一樣，但他們問題的本質（女孩心理崩潰、男孩行為失序）顯示出，兩個群體都在承受父母選擇的居住地所帶來的壓力。你也許會好奇，在這樣的研究裡，哪些孩子是最沒有壓力的？答案是，和有錢的父母住在中產階級社區的孩子。

這些值得探討的發現讓我們可以思考兩個重要的議題。第一，富有的成年人如果選擇住在比他們資產能負擔的價格稍低的社區裡，他們的資金會寬裕許多。他們的房子或許比較小，也比他們財力能負擔的程度更不奢華，但他們手上會有更多現金，能夠應付大筆的意外支出，例如需要重鋪屋頂的時候。當然，有些富有的家庭就算生活在上流社區裡，也還是能輕鬆負擔更換屋頂的費用。但也有大部分的家庭選擇竭盡所能，住在他們所能負擔最高級的社區裡。所以當他們家的屋頂需要修復時，他們和孩子就會感受到經濟上的壓迫。

另一個議題則是，那些住在中階社區的有錢家庭孩子對自己未來的擔憂也比較少。幾乎所有人的目標都是在長大成人後，將生活水平至少維持在自己童年時的水準。這意味著含著金湯匙出生的孩子，在想到自己該如何維持他們奢侈的生活方式時，更容易感覺到壓力。

在我的工作中，我很驚訝地發現，有錢人家的青少年的野心，似乎被未來職業生涯成功與否所佔據了，他們只把目光放在少數幾個職業選擇上（例如商業或財金），在考慮未來居所的時候，名單上也只有幾個美國主要都市。相反地，我經常發現中產背景的青少年談起未來的職業選擇和居住地點時，他們的答案比較廣泛。這麼多年來，在我的臨床經驗中，我好幾次對這樣的事實感到訝異，比起背景比較平凡的孩子，有錢人家的青少年談到未來時，更顯得緊繃與受限。

從這個角度來看，我們就知道為什麼住在中產社區的有錢青少年感受到的壓力比較少了。他們比較不擔心自己的未來，因為對他們來說，成年人的成功並不是定義狹隘的目標。此外，他們也更能享受財富減低壓力的優勢：因為手頭寬裕而產生的輕鬆氣氛、和父母住在一起時不用擔心他們忙到天昏地暗，並且能在沒有就學貸款的狀況下讀完大學。

身為父母，如果我們有幸能有足夠的財富做選擇，我們就更需要好好檢視我們所做的決定。我們選擇的居住地、度假地點、車型，還有其他我們花在孩子身上或在他們身邊使用的金錢，這些影響都是非常個人的。同樣地，我們選擇要知道多少世界新聞，或是要掌握孩子們的數位蹤跡到什麼程度，也都是必須審慎思考的決定。請注意，這些決定並不是做一次就一勞永逸，而是隨著時間不斷重複進行。

以不同的角度來看待這些決定，我們就能找到方法來控制自己和女兒的焦慮感。當我們談到獲取資訊、安排行程或是享受個人財富時，我們總是太容易預設這些都是越多越好。但意外的是，有時候，能讓我們自己和女兒減少壓力的辦法，其實在於決定知道得少一點、安排得少一點，或是花費得少一點。

身為父母，我們應該想辦法先處理自己的壓力，既是為了我們自己，也是因為我們的情緒壓力會增加家中的焦慮感。家裡緊繃的氣氛會讓女兒在心情良好的日子也難以放鬆，而在她們心情不好的日子裡，我們就更難成為讓她們穩住的平靜存在。在下一章裡，我們將要探討另一個時常成為壓力來源的主題——在人生旅途中，我們每個人的女兒或多或少都會對自己與其他同齡女孩的關係感到不自在。

女孩與女孩

Chapter 3

在大部分情況下，同性之間的友情能讓女孩的人生過得更好，而不是更悲慘。從很小的時候開始，女孩便會和同性朋友一起玩，並在人生遇到困境時尋求她們的陪伴與支持。大部分時候，女孩的社交生活能幫助她們舒緩壓力與焦慮。本章節要討論的，則是那些少部分的時候。在某些時刻，女孩總有機會發現自己和同性同儕之間的相處有些問題。

首先，我們會一起了解一些長久以來存在於女孩同性友誼間的壓力來源。然後，我們會談到社群媒體的強大影響，家長又能透過哪些方式來保護女兒不會因為網路上的互動而高度緊張。最後，我們會探討女孩世界裡爾虞我詐的競爭。

焦慮是害羞的新定義嗎？

在一個多雲的四月天，一對三十多歲的夫婦前來我的門診，和我討論他們即將升上五年級的女兒將面對的轉變。在預約會談的電話中，太太托妮說她的女兒艾莉娜在社交場合中總是感到不自在。雖然艾莉娜在學校裡有兩個十分要好的朋友，但她的父母非常擔心她在五年級的第一個學期會適應不良。在我們的小鎮薛克山莊，所有的社區小學都會把五六年級生合併到一間名叫伍德布里的學校，在那裡繼續上課。在教學大樓的十個五年級班級裡，艾莉娜不知道還有沒有辦法和她的好朋友待在同一班。

第一次會談時，亞當和托妮並肩坐在我對面的沙發上，輪流向我描述他們九歲的女兒。

「艾莉娜從嬰兒時期就是比較難安撫的孩子。」托妮溫柔地解釋道。「她很躁動，也很緊張，直到兩年後她弟弟出生，我們才發現她的狀況有多嚴重。」

「她的社交焦慮從很小就開始了。」亞當懇切地補充道。「在嬰兒時期，只要有陌生人靠近，她就會哭。後來會走路的時候，我父母來拜訪我們，她只敢躲在我的腿後面偷看。相比之下，她弟弟完全就是人來瘋。」亞當繼續說：「他喜歡去參加生日派對，而且如果我們允許的話，他一個週末可以去三個不同人家玩。」

托妮接著說：「我們試著鼓勵她外向一點，她只變得更緊張。到這個地步，我們真的也不知道該怎麼辦了。就算她跟別人出去，她也是不自在得玩不起來。」

「我們通電話時，」我對托妮說，「你說過艾莉娜有幾個不錯的朋友，她們的感情如何？」

「對，她在學校跟柔伊和愛琳很好，她們很合得來。艾莉娜幼稚園的時候就認識她們了，但每次問她要不要邀她們週末時來家裡玩，她總是拒絕。」

亞當擔心地補充：「我們試著解除她的焦慮，但似乎沒什麼幫助。事實上，我們好像讓事情變得更糟了。」

我好奇地問道：「你們嘗試了哪些辦法？」

他擔心而挫折地搔著頭，回答：「我們試著增加她的信心，也和她說希望她能勇敢，但這似乎沒有帶來什麼改善。」

托妮插嘴道：「我知道接觸陌生人會緊張，我有時候也會。但我們擔心的是，她的社交焦慮好像越來越嚴重了。在這個情況下，我們實在沒辦法想像她上國中之後會怎麼樣。我們希望你能幫助她控制自己的緊張。」

「我的確認為我們能把事情導上正軌。」我回答。「但是首先，我覺得我們可以先用不同的方式定義問題。與其說她是社交焦慮——我其實不這麼認為，我們先預設她是天生害羞吧。」

有超過一個孩子的家長都知道，小嬰兒從出生的那天開始，就已經有不同的人格特質。有些比較溫和，有些暴躁，有些很開朗，有些則非常活潑，隨時隨地都動個不停。大量的研究已經證明新生兒天生就有特定性格，而大部分的孩子都屬於以下三個類別之一：隨和的孩子——大部分時候都是愉快的，並能很快就適應新環境；難搞的孩子——陰晴不定，不喜歡改變，脾氣古怪；還有慢熟的孩子——生性低調，需要長時間來適應新的體驗。

關於這三個分類，最重要的一點是：這三種類別都是正常的，三種類別的孩子也都能成長成適應良好的大人。

「如果是十年前，」我提議道，「我們或許不會用『焦慮』這個詞來形容艾莉娜的狀況。我們也許會說她是『慢熟』，這是我們用來形容正常、但也許比較小心的孩子的用詞之一。」

然後，我告訴他們一份標誌性研究的結果，發現即使是只有四個月大的嬰兒，有些也會對不熟悉的人事物表現出強烈的負面反應，不像其他嬰兒會喜歡一切新鮮的玩意。我們甚至也能透過嬰兒時期測量到的腦波波動，來預測哪些嬰兒會長成害羞的孩子。那些會長成害羞孩子的嬰兒面對變換的彩色乒乓球圖像時，與負面情緒反應有關的右前額葉便會亮起；活潑外向的孩子，則顯示出相反的神經反應。

「根據你們描述的狀況，」我說，「艾莉娜很有可能從出生第一天，就是對新環境比較猶豫的孩子。」托妮和亞當點點頭，表示這符合他們對女兒的認知。「好消息是，她顯然知道要怎麼交朋友、享受並保有她的友誼。」

「是的。」托妮微笑。「她真的很愛柔伊和愛琳，她們也很愛她。」

「下一步，就是幫助艾莉娜學習在面臨新環境或必須接觸陌生人時，她該如何應對。我知道她最後可以對不熟悉的事物感到自在一些，但要讓她走到那一步，我們要順著她的毛摸，不能逆著摸。」

「沒問題。」亞當輕快地說。「所以，我們該怎麼做？」

「從今天開始，你們可以幫助艾莉娜觀察並接受自己接觸新環境時的反應。如果建議她去參加同學的生日派對時，你們發現她開始緊張了，就試著跟她說：『你看起來對這個派對有點緊張，這是你的第一反應。』」我用輕鬆、熱情的口氣繼續說道：「『那我們現在來看看你會不會有第二個反應吧。我們再來想一想這個派對邀請，看看你的第二反應會是什麼。』請不要幫助她逃避感到不舒服的場合，這樣會讓她更難接受新事物。但在情況容許的狀況下，你們可以讓她用自己的方式來面對新事物。」

我已經花了太多時間嘗試幫人們改掉他們不想要的第一反應。現在回想起來，我知道這些努力幾乎全都白費了。面對改變時會感到不自在的個體，通常都會有趨近於反射的退縮反應。而這樣的直覺行為非常快速，基本上無法阻止。當我們這樣看待第一反應的時候，我們就只有兩個選擇：對抗反射行為，或是接受並允許退縮的反射行為出現，然後看看下一步是什麼。

我現在相信，硬要扭轉一個人天生的第一反應，可不只是浪費時間而已。事實上，這也是相當有害的行為。這是我從一位名叫提雅的少女身上所學到的經驗。提雅一直認為，只有在尷尬或艱難的情況發生，而她的胸口不會緊揪時，她才真正「擺脫」了她的焦慮。每次只要她感覺到熟悉的緊繃感，她就會視為焦慮感失控的象徵，而這種緊繃或許是與生俱來的。不幸的是，在一天當中，提雅的胸口總會緊縮好幾次，而且速度通常都非常快。

她為自己立了一個不可能達到的目標，在很多時間裡都感到無助、沒有希望，總覺得無法控制自己的感受。

我們花了幾週的時間，試著幫助提雅保持在平靜的狀態，但毫無進展，我決定換個策略。有一天，我對她說：「不如我們試著接受你胸口的感覺也許不會消失的事實？我們試著不要太擔心這個反應，就把它當作某件事不對勁時的正常警告信號，這樣如何？」

提雅願意接受這個提議，也願意退一步，好好觀察胸口的緊縮感實際上是在提醒她什麼。有趣的是，我們很快就發現，那種緊張的感覺有時候會在有外在威脅的時候出現，例如學校有隨堂考的時候，但也會提醒她不舒服的內在經驗，像是對人感到厭煩或失望。

提雅和我學會採取較平靜但好奇的角度來觀望她的第一反應後，這種反應終於不再造成後續一連串的壓力。相反的，她的生理不適只是讓我們知道，她身邊的環境或是她的內在世界正引發她的警報系統開始運作。我們的下一步，便是去找出會讓她警覺的事物。只要我們知道是什麼事讓她不舒服，她就能開始思考自己的第二反應是什麼。在我們會談的那段時間裡，提雅胸口的焦慮感從來沒有真正消失過。但她現在更清楚要怎麼面對那些讓她焦慮的事物，因為她再也不害怕自己的反射性第一反應了。

我想要把這點傳達給托妮和亞當，於是我又補充道：「以長遠的角度來說，我想你們也許要試著幫助艾莉娜欣賞自己小心翼翼的風格。她不需要感到自責，你們也不需要擔心她是不是過度焦慮。」雖然我們的文化欣賞願意勇敢嘗試新事物的外向性格，但那些喜歡先觀望再做決定的人仍有許多優點。

「你們和她談起五年級換學校的事時，可以非常肯定地給她保證，指出她和弟弟不一樣，不需要一股腦地栽進去。她喜歡慢慢來、考慮清楚，才決定要不要加入大家。你可以讓艾莉娜知道，她的方法沒有什麼錯，你們也會在她適應的過程中支持她，尤其是在進入伍德布里學校的時候。」

托妮問：「告訴她可以慢慢來，會不會讓她變得更害羞呢？」

「事實上，也許正好相反。」我解釋道。「如果你逼她，很可能會讓她更想躲起來。如果你告訴她可以等一等再繼續，這樣可以幫助她放鬆下來。你也可以讓艾莉娜知道，隨著時間過去，她小心翼翼的第一反應和第二反應之間的時間，也許就不需要那麼長了，因為她的本能反應會平息下來。而她的第二反應也許會是好奇、想要和人互動，或是不想要被拋下。」

「這感覺是個好方向。」亞當同意道。「但我們有什麼辦法確定她沒有焦慮症的問題呢？畢竟，我們還是希望她能交很多朋友。」

「以目前而言。」我回答：「你們描述的艾莉娜聽起來非常正常。我知道近幾年來焦慮是個讓人擔心的議題，但我們可不想創造出一個自證預言。如果我們用面對病人的方式對待她，她也許會對這樣的行為感到焦慮。她也許永遠不會像你的兒子一樣喜歡參加派對，但她絕對能學會怎麼讓自己在新環境中保持自在。」

在會談的最後，我對托妮和亞當保證，數十年來的研究告訴我們，孩提時期的性格會隨著時間越來越有彈性。透過研究，我們也找到了幫助孩子們適應與茁壯的重要因素：父母必須順著他們的天性，而不是逆向操作。

人多鬧劇多

當亞當一片好意地提起，他衷心希望艾莉娜能交到「很多朋友」的時候，我決定保持沉默。我知道這是許多家長對自己女兒抱持的希望，經驗卻告訴我——也有研究證實——那些擁有一兩個知心好友的女孩，其實才是最快樂的。擁有幾個可靠的知己會在女孩的社交圈裡增加可預期性，進而降低焦慮。有真心好友或是朋友圈較小的女孩知道自己週末會和誰見面，當人生出現意想不到的事情時，她們也知道自己該向誰尋求支持。

如果你的女兒身處於一個比較小但讓人滿足的社交圈裡，請不要鼓勵她成為交際花。事實上，請你去告訴她，她這麼做是正確的。在小圈子裡活動的女孩有時也許會擔心自己不夠酷或是太邊緣。她們也許會嫉妒在更大團體裡的同學，或希望自己也是「受歡迎」的人。的確，人氣也許聽起來很吸引人，尤其是在女孩急需歸屬感、不斷擔心自己定位的中學時期。

但問題就出在這裡：太多人的圈子會帶來更多鬧劇。

社交衝突總是伴隨著四到五個女孩的團體而生。這背後的原因並不是女孩太陰險、惡毒或是排擠他人（雖然有時她們的確會有這些表現），單純只是因為任何年齡的人類在四到五人的團體中，都不可能平等地喜歡每一個成員，但是社交技巧不穩定的青少女會嘗試喜歡每個人。

在比較大的朋友圈中的女孩會碰上各種可預期的壓力因子。在較小的團體中，女孩們幾乎都是彼此精心挑選過的人選，但在大團體中，女孩們一定或多或少都得有些妥協，而這些妥協通常會造成極大的社交壓力。也許其中兩三個人特別喜歡跟彼此相處，不想要每次都讓整團人參與計畫。當她們決定邀請所有人時，她們自己會不開心。但如果她們不邀請所有人，就得處理排除某些人的後遺症。又或者團體中有兩個女孩水火不容，這件事太常發生了，這代表了團體裡的其他人或多或少都是調解人，或是某一方的知心好友，在衝突中不得不選邊站。

研究也不斷證明女孩特別容易顧慮其他人的感覺，這樣既有好處也有壞處。研究發現，女孩比男孩更有同理心，這是我們在社會化女兒與兒子時所造成的差異，而不是內在生理的因素。比起男孩，女孩在被養育成人的過程中，更常被鼓勵「想想其他人會有什麼感覺」。這代表，如果你女兒的朋友在社交上被針對，那麼你的女兒也會感到某種程度上的痛苦。

以上所說的一切都顯示出，就算是在最好的情況下，女兒最平凡的社交活動，也會帶來令人吃驚的壓力與焦慮程度。小團體的女孩有時候會擔心，如果她們和為數不多的朋友起衝突，會不會就得永遠落單了；大團體中的女孩則不斷在各種社交鬧劇中載浮載沉。就算你的女兒今天過得還不錯，這樣的平衡也有可能會被她某個運氣不太好的朋友破壞。

但是，不論社交圈是大或小，你都能幫助女兒處理同儕友情中不可避免的起伏。善於面對社交衝突的女孩更能享受朋友的陪伴，並花較少時間思考自己身邊發生的社交騷動。就像我們知道的，當事情不妙時，女兒會觀察我們的反應，決定自己該有多擔心。所以，為了讓我們的幫助最大化，我們必須接受女孩和朋友合不來這件事是正常的。如果我們對於小小的社交衝突表現得太警覺，我們的女兒也會變得一樣。當我們把人際衝突看作生命中不可避免的一環，我們就能以實事求是的角度，幫助女兒學習有效地應對。

健康衝突入門課

女孩很難處理衝突，因為作為人類，處理衝突從來不是易事。我們也沒辦法教導女兒我們不會的事。雖然我過去總是肯定地表示我永遠不可能為七年級學生找出解方，對於幫助女孩（與成人）增進處理衝突的能力這件事，我也時常感到悲觀，但最近我已經改變了看法。

雖然衝突不可避免，但這不代表你得用糟糕的方式面對。我們如果接受只要把一個以上有意識的人放進同一個房間裡，接下來一定會產生不合的事實，我們就能把精力用在摸清人際衝突的底細。有些人傾向正面迎接衝突，如果我們知道有三種衝突處理模式是不健康的、只有一種普通且健康的模式行得通，這個複雜的議題就簡單多了。

三種不健康的處理模式通常可以一眼認出：表現得像推土機、地墊或是長了尖刺的地墊。推土機式的處理方式是直接從人身上輾過去，地墊則是允許別人輾過自己。長了尖刺的地墊則採取被動攻擊的模式，例如利用他人的罪惡感、扮演受害者，或是在應該是一對一的衝突中扯入第三者。女孩通常在帶刺地墊這個模式有琳瑯滿目的花招，因為我們很少幫助女兒學著認識、接受並直接表達她們的憤怒。因此，她們的負面情感通常以較不直接的方式表達。

而健康的衝突最好要像一根柱子——會為自己站立，不將別人踩在腳底下。但當衝突發生時，要當一根柱子真的太難了。對大部分人而言，這顯然不是第一反應。幸運的是，如果我們能辨識並觀察我們的第一反應（我們是推土機、地墊或是帶刺的地墊？），並且不要讓自己就這樣做出回應，我們通常就能想辦法讓自己成為柱子。

在一個星期一早上，羅倫女子學校的一位八年級生麗茲在走廊上叫住我，問我當天晚一點有沒有時間和她談談。我們發現她自習課時我正好有空檔，就決定那天下午在我的辦公室碰面。

「怎麼啦？」麗茲在我對面坐下後，我問道。雖然羅倫女子學校必須穿制服，但女孩們總有辦法加上個人的記號。那天，麗茲穿著一身運動衫、運動襪與慢跑鞋，那是運動員的日常打扮。

麗茲拿起我放在哈利波特辦公室裡的其中一個搖頭娃娃，說道：「我只是想要問問你的意見，我的校外排球社團裡有一個女生最近怪怪的。」

「當然好。」我說。

「我認識她很久了，我們也是朋友，不是超級好朋友，但是滿不錯的。她不在這間學校，但她認識很多這裡的女生，我們週末出去玩的那一群裡也有些重複的人。」

她繼續說道：「我去年有去參加她的生日派對，然後幾週前我在打球的時候，她跑來告訴我，今年她媽媽不會讓她辦生日派對，因為他們家事情有點多。這沒關係，我也沒有很在意，但是上個星期六晚上，她貼了一大堆擺明就是她生日派對的照片。」現在她聽起來很煩躁了。「她不一定要邀請我……我懂呀……我就是不知道她為什麼還要特別來告訴我，說她沒有要辦派對。」

「對。」我說。「我懂你為什麼不開心。」

「所以我不知道該怎麼辦。我今晚練球就會見到她了……感覺超不舒服的。」

我同理了麗茲的不適感，並告訴她我很遺憾這件事發生在她身上。根據她尷尬的處境，我把人們處理衝突時通常會用的幾種方式告訴了她，也就是三種不好、一種好的。

「當然，」我說。「我們要想辦法找出一個柱子的回應，但有時候，說說其他的可能性、發洩一下也是很有幫助的。」我一派輕鬆地問道：「如果你要像推土機一樣，你覺得會是什麼樣子？」

「我其實有在想耶，某部分的我很想在練球的時候直接走過去，當著她的面說一些難聽的話。」

「當然了。你受傷又生氣，你想要給她點顏色瞧瞧，這完全合理。那如果你是地墊呢？會是什麼狀況？」

麗茲被引起興趣了，她回答：「大概就是自己覺得很難過，晚上哭到睡著之類的吧。」

「對。那如果你現在是帶刺的地墊呢？你會怎麼做？」我問，相當享受這段對話。

「有很多方法耶。」她現在完全進入了我們的小遊戲情緒裡。「我都不知道該從何說起了！」

「說說看吧。」

「嗯，我應該可以跟我排球隊或學校裡的朋友說她的壞話，或者我可以邀請一群女孩來我家，然後拍照標記她，讓她看到我們玩得有多快樂。或者我可以在推特上暗罵她。」

「要怎麼做？」

「我可以在推特上說她的壞話、又不指名道姓，但每個人都知道我就是在說她。我可以寫『當你發現你以為很誠實的朋友其實是個騙子，這樣是不是爛透了？』之類的。」

「好兇！」我頓了頓，然後補充道：「你不得不承認，社群網站真的是帶刺地墊的百寶袋呀。」

麗茲很快地點了點頭，完全同意我的話，緩慢而由衷地說：「對，沒錯。」

「這大概是最容易把最多人捲進衝突裡，又能提供你最多間接反擊方式的地方。」

「的確。」麗茲同意道，一邊向前傾身。

「好，現在我們把一些難看的可能性排除了，如果你想要當一根柱子，你可以怎麼做？你要怎麼表達自己的感覺，同時又對她表現尊重？」

麗茲開口：「我也許可以在練球的時候跟她說：『我看到你的派對了。』」她用平靜的語調繼續說：「『那沒關係，但你不需要特別跟我說你沒有辦呀。』」

「這樣很不錯啊！那如果你要更簡化呢？有時候當一根柱子的目標是開啟話題，而不是結束話題。」

「我想我可以只說：『我看到你派對的照片了，這讓我有點難過。』」

「是的……我覺得這類的話是很不錯的開頭。因為也許有些意外發生？也許她媽媽決定給她一個驚喜、但是不知道要邀請誰呢？讓她知道你的感覺，也剛好給她一個機會讓她跟你道歉，如果她需要的話。」

「沒錯。」麗茲明智地說。「我的確不知道整件事的來龍去脈。」

「問問題也是個不錯的柱子作法。你也許可以這麼說：『我看到你最後還是辦了派對。我有做什麼事情得罪你了嗎？』」

「嗯，這可以。這感覺還不錯。」

時間差不多到了。在麗茲離開前，我特別告訴她，我並不期待她從今以後都能在受傷或生氣時，快速想出柱子的回應。我和她分享，直到現在，我被得罪的時候，我的第一反應都是當一張帶刺的地墊。關於這個不優秀的特質，我已經認了，有時候也會容許自己幻想所有被動攻擊型的作法。但在我的外顯行為裡，我的確試著要表現得像一根柱子。

由於女孩的人際世界伴隨著無法避免的壓力，我們必須盡力幫助女兒舒緩她感受到的社交緊繃感。首先，我們可以先從接受「衝突是人類接觸一定會發生的事」，並讓女兒理解，和玩伴們相處時一定會有衝突產生。再來，我們能認知到，作為人類，我們的女兒（還有他人的女兒）有時候會不由自主地表現得像推土機、地墊或是帶刺的地墊。然後，當同儕間的衝突真的發生時，我們便可以實事求是地和女兒聊聊，討論比較好與比較差的面對方式。

根據女兒讓我們介入網路社交衝突的程度，我們應該要告訴她，要在網路上當一根柱子，基本上是不可能的，因為柱子式的溝通大多依賴語調的展現。的確，仔細想想，同樣一句話「可以告訴我你為什麼沒有邀請我去派對嗎？」可以聽起來充滿攻擊性（推土機）、哀怨（地墊）、嘲諷（帶刺的地墊），只要語調不同，感受就會完全不同。用再多的表情符號也沒有辦法取代人類聲音中微妙細微的變化。當女兒要表現得像柱子時，也要她知道，這必須透過面對面的活動才能做到。

幫助女兒面對同儕間的衝突時，我們可以提醒她，沒有人第一次就做得對，也沒有人每天都能做得對。但只要透過練習，她們就能學會如何用自己喜歡的方式面對人與人之間的不和睦，也能透過策略平息社交生活中的鬧劇，而不是挑起。

要不要開戰，妳說了算

一星期之後，麗茲又來到我的辦公室。我很意外會這麼快再見到她，畢竟上一次會談時，她很乾脆地接受我提出的健康衝突的建議。

「所以……後來怎麼樣？」

「說實話，」她說，「很不好。練球的時候我有看到那個女生，我也感覺得出來很不對勁。熱身的時候她一直躲我，訓練的時候也不肯看我。」

「你覺得是怎麼回事呢？」

「我覺得沒有邀請我去派對讓她很不舒服，但她也不打算道歉。」

「你有想要和她說什麼嗎？」

「沒有，感覺就是不太對。但我現在覺得就整件事而言，我完全是一張地墊，這個感覺也不對。」

我知道麗茲的意思，透過我們的對話，我也知道她是怎麼陷入那個困境的。不過，我還是有個點子。

「你知道嗎，」我說，「要面對這個狀況，你還有另一個選項。」麗茲的臉上出現帶著好奇與懷疑的表情。「你可以試著打情緒的合氣道。」

她的臉上現在只剩下懷疑。

「我知道大人會鼓勵女孩們為自己站出來，擁有這麼做的能力也很重要。我也知道，我們上星期的對話讓你覺得，沒有跟你的隊友說話讓你成了地墊。」麗茲挑起眉毛，點了點頭。「但是還有另一個選擇，就是策略性地迴避。」

麗茲什麼也沒說，只是期待地看著我。我把這視為讓我繼續說下去的訊號。

「我的意思是，在拳擊或摔角這類戰鬥中，人們會揮拳或是推擠對方。但是在其他種類的戰鬥中，例如合氣道，當對方朝你衝過來時，你做的第一件事就是往旁邊站。這能讓你避免傷害，並讓你的對手失去平衡。」

麗茲還在聽我說，但她毫不遮掩自己的表情，臉上寫著她覺得我的比喻荒謬至極。

「先不要急喔。」我說。「我知道這聽起來很奇怪，但我希望你這麼想：告訴自己不要浪費時間在處理愚蠢的社交鬧劇上，其實會讓你佔上風。」

麗茲懷疑的表情稍微淡化了一點。

於是，我又接著告訴她，對於沒有被邀請這件事，她可以自己決定她應該多在意，也可以決定她要花多少精力來修補或改善她和隊友的關係，畢竟她們本來就不是特別要好。我告訴麗茲，就算她決定不要保持開放的態度，我也完全支持她。

不需要和隊友正面衝突似乎讓麗茲放鬆不少。接下來，我們決定在練球時保持小心而有禮的態度，她也會努力阻止自己成為帶刺地墊的衝動，不要和其他人說隊友的壞話。如果她和那個女孩的關係還是讓她很不舒服，她隨時可以再來和我聊聊。到那時候，她可以再考慮打算怎麼處理這件事。但現在她可以把精力省下來，迴避這場看起來沒有結果的對決。雖然麗茲同意了這個計畫，她還是有點疑慮。

「你確定這樣不是讓她踩到我頭上嗎？」

「如果你因為沒有被她邀請就巴著她、期望她邀請你參加下一場派對，那你就是讓她踩到你頭上了。」

麗茲同意了。

「在你的狀況下，」我補充道：「你是做了一個經過思考的選擇，自己決定這個狀況值得你投注多少心力。你沒有忽略或是忘記她的所作所為，這個資訊你自己知道就好了，現在你決定不要讓這個女生浪費你更多時間。她朝你丟了一顆球，不代表你一定得接。」

過去和女孩們談話的時候，我總是會反射性地鼓勵她們為自己發聲，反抗不公平的待遇。這個原則是來自我有意識地做出的承諾，我想幫助我自己和其他人的女兒，茁壯成沒有人能小看的年輕女性。但我現在也逐漸理解，我們給女孩們的建議，並不總是反映出成年女性在面對人際衝突時的能力。我們會選擇要打哪些戰役，決定哪些時候的哪些人值得我們起衝突，我們也時常會點頭示意或表面微笑，打發掉瑣碎、無意義的爭執，因為我們的時間要拿去做更重要的事。

確實，就算是健康的衝突，也會造成精神上的疲乏。有些社交問題只要不多花精力去關注，就會自然平息了。當然，有些時候，我們的女兒決定和某人正面對決是有原因的。在這樣的時刻，我們就要幫助女兒表現得像根柱子，有效地主張自己的權利，同時又尊重對方的權利，好爭取成功解決衝突的最佳機會。另一方面，女兒也該知道，為自己發聲只是選項之一。如果每一次發生小衝突時，我們都建議女兒必須為自己戰鬥，就會無故增加女孩的壓力。暫時停火不代表投降。成年人知道慎選對手也是榮譽的一部分，我們也該讓女兒了解這一點。

二十四小時的同儕壓力

拜現代科技所賜，女兒們的社交生活有太多平台了，就像我們知道的，她們碰上的衝突有可能是面對面的，也有可能是線上的。但就算女孩們在網路世界相處得不錯，她們在社群媒體上的活動還是會對她們的情緒帶來負面影響。

對現今的青少年來說，成長在數位時代幾乎肯定會增加壓力與焦慮。雖然現有的證據並不足以證明智慧型手機已經將我們的孩子變成心理發展不完全的螢幕殭屍，但毫無疑問地，無所不在的科技已經改變了我們的生活方式。這些改變並不全是好的，大人們也還在學習如何在一個完全電子化的世界中養育孩子。

身為父母，我們越了解網路世界如何塑造女兒的人際關係，我們就越清楚如何幫助她們緩解其中某些緊張感。專家們主張，青少年並不是被科技吸引，而是被裝置另一端的同儕所吸引。確實，青少年總是對自己的朋友圈著迷不已。數十年前，我們也和她們一樣，迫切希望能和自己的同儕有所連結。

對於這一點，你也許會想：「好，也許吧，但我們可不像她們。她們的手機簡直是長在身上的另一個器官，而且她們這麼害怕錯過朋友的訊息，就算是最不重要的小事也一樣。我們可從來沒有對朋友感到那麼上癮。」

事實上，我們也是。要討論我們著迷同儕關係的過往，我們首先要回想一下，當時我們是怎麼使用那個時代的通訊工具。以我自己來說，我依然清晰記得使用家用電話好幾個小時後耳朵上那股灼熱、潮濕、甚至有點疼痛的感覺。我甚至記得，有好幾個晚上，我的耳朵真的不舒服到一個地步，不得不打斷電話另一端的朋友，然後跟她說：「等等……等我一下，我得把電話換邊拿。」她則會回答我：「嗯，我也是。」

還記得後來有了插播功能嗎？那可改變了一切。在插播出現之前，有一段時間，我媽每天晚上都不得不打斷我和朋友的通話，告訴我：「你得掛掉了，可能有人想要打進來呀。」我會一直拖延，然後，在完全和朋友斷聯的情況下，陰鬱地回到房間做功課。隨著插播功能的到來，我自詡為家裡的接線生，整個晚上都霸佔著電話，並保證如果有電話打來找我爸媽，我就會把電話交出去（也只有這時候才會）。

我們其實跟現代孩子差不多，只是我們那時候科技不太發達而已。

現在我們知道，年輕人對於互相聯繫的強烈渴望其實沒有什麼好奇怪的，我們可以再提醒自己一件事：與同儕相處也可能帶來巨大的壓力。雖然我很愛和朋友講電話，但通常也有很多朋友間的鬧劇上演。

就算科技受限，我們還是有辦法自編自演青春肥皂劇。我們會擠在一起和同一個人講電話，或是先掛掉一個人的電話，打給第二個人之後再打回去給第一個人，以此類推，形成一個瘋狂的聯繫網絡，或是利用插播的在線等待，同時和兩個不同人通話。當我媽最後終於將我趕離電話（就算有了插播功能，不會漏接找他們的來電），我可以感覺到，在我表現出的不情願之下，其實悄悄埋著一點鬆了口氣的感覺。

女孩之間的關係一直以來都不輕鬆。現在，要保持聯繫是史無前例地容易，讓她們的互動變得更複雜、更耗心力，也帶來比以往更多的壓力。在過去，我們必須從與朋友的互動中離開休息，因為我們沒有選擇。但現在我們得幫助女兒在社交生活中按下暫停鍵，有意識地間隔化，好讓她們也獲得必要的休息。

要這麼做其實可以很簡單，但你不需要用女兒愉快接受的程度，來衡量你是否成功達到目的。限制一個年輕人使用科技的時間通常不是個受歡迎的決定，但做出不受歡迎的選擇是作為父母很重要的一環。

透過全家人一視同仁的規則，你可以稍微降低青少年的反抗程度。許多父母（包括我自己）和自己的孩子一樣沉迷於科技裡，因此設下一些規則對我們自己也有好處。我們可以劃出使用科技的時間限制，並清楚表明我們並不是反對科技，而是也想為別的事花點時間。當女兒大部分的人生被科技佔據時，以下幾個層面是你應該為她守住的：享受與家人的面對面交談、不被打斷的寫作業時間、做運動的時間、培養興趣的機會、出門玩的機會，或是快速入睡並一覺到天亮的睡眠品質。科技化的社交活動無疑對這些層面都帶來了威脅。

讓你的女兒自己決定怎麼在生活裡實行你訂下的規矩。有些規則比較簡單明瞭，例如不要把手機帶上餐桌，或每天晚上的某個時間就把手機關機，或是她必須進行一些有意義的活動，從社群網站中放個假。有些規則則比較難制定，也比較難執行，尤其是當女孩們各自在家，運用科技和朋友們一起做功課的時候。在這個狀況下，你必須和女兒聊聊，告訴她一邊與朋友聯繫一邊寫作業如果能提高寫作業的效率，就可以減緩她的壓力，不然只會增加壓力。

不要低估女兒想出聰明解決方法的能力。許多女孩發現，如果用勿擾模式關閉手機簡訊通知，或用網站阻擋程式關掉她們最愛的社交軟體通知音效，她們便能更有效率地完成作業。我一名在女子高中工作的同事發現，有些女孩會在期末考期間把自己與社群網站隔離開來。她們會把手機交給自己的朋友，讓她們修改自己的密碼，等期末考過完之後再改回來。

儘管如此，當社群網站帶給她們的壓力大於快樂時，女孩並不是都有辦法自主隔離，有時候甚至會做出愚蠢的決定。有些父母會發現社群軟體對女兒造成了特別大的壓力，便會短時間強迫她們減少使用手機的機會，或是把她的手機調成靜音。這麼做過的父母，都和我說過同一個故事：一開始，女兒會劇烈反抗，一點都不想減少使用手機的時間。但是很快地，她反而會看起來難得地放鬆，並且再度成為原本那個快樂的她。

科技可能綁架女兒醒著的時光，也可能使她們睡不安穩。如果想讓女孩好好睡上一覺，就代表她們必須重新調整晚上使用社群軟體的時間。

睡眠與社群網站

只有少數女孩能獲得一覺好眠，這可能是對女孩高度焦慮的狀況最簡單也最有力的解釋之一。睡眠是把全人類緊緊牽在一起的共通點，在青春期，女孩們的睡眠時間就開始有比男孩少的傾向。隨著青春期展開，所有的青少年都會經歷一個稱之為睡眠延後的時期，讓他們更容易熬夜、早上也更晚起。這個生理上的改變說明了為什麼你七歲的孩子會在上學前好幾個小時就自然醒，而十三歲的孩子卻連及時搭上校車都很勉強。女孩進入青春期的平均年齡是十二歲（男孩則是十四歲）。不幸的是，這代表在進入中學的初期，女兒們就已經很難在十點或十一點前入睡。第一節課的時間很早，女孩也因此不太可能獲得九小時的睡眠。你沒看錯，就是九小時，這是青少年真正需要的睡眠時數。

缺乏睡眠與焦慮之間的關係並不難理解。如果我們睡得夠飽，就能應付大部分生命中發生的事；如果睡得不夠飽，我們就會疲憊而不安。有些事情對有睡飽的高二學生也許只是件有點煩人的小事，發生在沒有睡飽的青少年身上，很可能就會觸發嚴重的恐慌發作。

女孩也許會以為她們可以用咖啡因和意志力來取代睡眠。但任何一個臨床醫師面對抱怨自己有焦慮症狀的女孩，都會用這個問題開頭：「你每天晚上都睡多久？」如果女孩說她每天都睡少於七或八小時，那麼在她調整自己的睡眠習慣之前，就不能評估她的焦慮指數，更別提治療。這就和穿著三件大衣的人在室內喊熱一樣，給他一杯冰水試圖解決問題既不治標也不治本。當一個累過頭的女孩說她感到脆弱不安，解決辦法可不是練習呼吸技巧。

許多事情會讓女孩晚上睡不著。我們的女兒在放學後依然忙碌，有時候得很晚才有時間開始寫作業。更常發生的狀況是，就算女孩躺上床，她也沒辦法睡著。在這些例子中，社群網站通常都是兇手。

女孩的網路社交生活帶來的影響有很多面向。現在多數的家長都已經知道，背光螢幕所發出的光線會抑制每晚自然分泌的睡眠賀爾蒙「褪黑激素」。因此，在使用科技產品後（不論時間長短），都很難進入夢鄉。許多女孩會使用軟體調整螢幕光線，降低它對褪黑激素的影響，但光線只是問題的一部分而已。

我時常聽到女孩們說在社群網站上看見的內容讓她們睡不著。想像一個女孩很認真地完成了作業，沒有讓網路社交打擾她。她也許會想在睡前放鬆一下，看看朋友們在線上做些什麼。身為成年人的我們如果在睡前收到一封來自老闆的郵件，也許都會擔心得睡不著覺，女孩如果發現她討厭的女生正在和她喜歡的男孩交往，很有可能也會躺在床上好幾個小時無法入眠。

我們每個人都必須維護入睡的能力，尤其是正在和睡眠延後期抗戰的青少年。我們必須將「入睡」的過程視為一道逐漸來到盡頭的斜坡，而不是一個可以隨心所欲啟動的開關。人類需要時間放鬆才能入睡，生理和心理都是。因此，我們的女兒必須找到不靠社群網站放鬆的方法，例如在睡前至少三十分鐘前看書，或是看她們喜歡的電視節目。此外，把科技產品留在青少年房裡過夜通常不是個好主意。研究顯示，就算青少年已經入睡，他們也可能被朋友半夜傳來的訊息吵醒。

讓你的女兒在睡前遠離社群軟體是件一石二鳥的好事。這會強迫她遠離不斷與同儕互動所產生的壓力，也會讓她獲得更多能夠減緩焦慮的睡眠時間。在長時間追蹤青少年睡眠狀況後，一份近期發表的研究發現，晚上使用手機會破壞他們入睡的能力，並讓自我價值與應付每日挑戰的能力下滑。總歸來說，缺乏睡眠會引發情緒不穩，並讓女兒們在日常生活中感到焦慮不安。

高成本的社會比較

青少年總會拿自己和別人比較。我們自己年輕時會這麼做，現在我們的孩子也會。但有了無所不在的社群軟體，我們的孩子更會日以繼夜拿自己和經過精心修圖的同儕做比較。這麼做對她們來說幾乎沒有任何好處。為什麼呢？因為她是在拿對自己的認知——她完整、複雜，而且不完美，去和同儕精心修飾、毫無深度的網路貼文做比較。這就像拿我們住的房子和展示家具用的樣品屋比較一樣不公平。如果評分的標準是外在形象，那樣品屋不可能會輸。而社群網站設計的目標，本來就是展示每個人的外在形象。

當女孩（有時候，也包括成年女性）忘了這一點時，她們會一邊看別人的貼文，一邊覺得自己不夠好。確實，研究證明，如果女孩檢視社群網站上看起來更快樂、更漂亮或人緣更好的同儕，會對她們的自我價值產生負面影響。研究也告訴我們，女孩比男孩更容易在網路上的社交比較下產生負面反應，也許是因為一直以來，我們的文化在教育她們要重視自己的外表。我們沒辦法每次都成功阻止女兒和其他人比較，但我們能幫助她們對網路世界有比較舒壓的看法。

最近某一次去買咖啡時，我又再度見識到，青少年的社會比較搬到社群網站上後變得有多複雜。我站在咖啡廳長長的隊伍末端，我的一個好友夏娜從隊伍前方溜了出來，排到我的後面。我們打過招呼之後，她說：「現在遇到你滿有趣的，我昨晚差點就要打給你了，但想想又覺得好像沒有嚴重到需要打電話。我們現在可以聊聊嗎？」

「當然了。」我回答。我是真心的。雖然和朋友們在一起時，我不太會展現工作的那一面，但如果他們詢問我的意見，我很樂於幫忙。

她壓低聲音，提起她的十三歲女兒：「丹妮奧昨天晚上的狀況很不好。」她頓了頓，整理一下思緒，然後繼續說：「她在學校有一群很不錯的朋友，但她想要進風雲人物的圈子裡。昨晚，我們聽見她在房間裡哭。她一開始還不肯告訴我們發生什麼事，後來她就全說了。丹妮奧給我看了一張她張貼的照片——一張她在房間裡的自拍。風雲人物那群人裡，有個人截圖後轉發到和幾個同學的群組裡，在訊息裡說丹妮奧『有夠假』。丹妮奧的一個朋友把這個訊息轉發給她，我覺得那個朋友只是單純好心，但丹妮奧就崩潰了。」

夏娜繼續解釋：「為了讓我理解整件事，丹妮奧給我看她的自拍，她得到的讚數和留言比某些風雲人物的自拍還多。這整件事實在太奇怪了，我實在不知道要說什麼。」我同情地搖搖頭，並告訴夏娜，我以前也聽過類似的故事。

夏娜補充道：「昨天晚上，丹妮奧說她太難過了，今天不想去上學。早上起床之後，她的狀況好多了，所以沒多說什麼就去上學了。我在她出門之前抱了抱她，但我實在不知道還能做些什麼。」

「很遺憾發生了這件事。」我說。「目前來說，你可以告訴她，那個風雲人物的所作所為很過分，並且表示你覺得她跟現在這群真朋友玩比較好。」

「我有跟她說，而且似乎有點幫助。」

「至於以長遠的角度來說，我覺得你可以考慮和她認真談談，其實在社群網站上本來就沒有所謂『真誠』這件事。」

我們走出店外，好好享受克里夫蘭難得的好天氣——氣候溫和、陽光普照的二月天。我們來到停車場，靠在我的車上，一邊啜飲著咖啡，我一邊繼續說：「女孩們對於自己貼在網路上的東西非常焦慮，很擔心別人會怎麼看她們。這當然是青少女的天性，但我們的工作就是幫助她們從這件事中退出幾步。」

「沒錯。」夏娜說。「但我真的好想刪掉社群網站，它佔據丹妮奧太多心力了。」

「我知道，但就把這當成和女兒溝通這個話題的機會吧。」

夏娜點點頭，示意我繼續說。

「我們得讓女兒知道，在網路上評斷別人是否『真實』或『真誠』本來就是沒有意義的，並幫助她們認知到，我們所有人——青少年和成人都一樣，都試著在網路上塑造自己的某種特定形象。」

「嗯，這是事實。」夏娜說。「我知道我在用臉書的時候，就會想讓自己看起來有趣幽默。我絕對不會分享腦子裡所有的想法，如果有時候貼文看起來不太對勁，我還會回頭去編輯它。」

「對。」我說。「每個人都一樣，這不是個問題。問題是，有些青少年會覺得，這個二次元像素所構成的平台能夠準確地呈現一個人完整的樣子。」

「對。但我要怎麼和丹妮奧提起這件事呢？」

「我覺得，你就照剛才和我說話的方式告訴她就好了：每個人都有個在網路上分享東西的目標，你也有，每個人都有。」

當我們提醒女孩，社群網站只是個大型樣品屋的時候，她們就會覺得好多了。根據社會學家吉兒・沃許（Jill Walsh）針對青少年使用社群網站的研究，年輕人（當然也包括很多成年人）會用貼文來展現自己生活的精彩片段。她們會從一百張自拍中選出一張最好的來上傳。她們會不斷修改自己在網路上的形象，好獲得更多的讚數和回應，而不是讓人知道真正發生在她們生活中的事。

我們當然可以輕易批評青少年使用網路的習慣，但如果社群網站在我們那個時代就已經存在，我們也許也會做一樣的事。因此與其批判，我們更應該提供支持。也就是當青少年一邊看著別人的精彩片段，一邊覺得自己不夠好的時候，我們可以和他們聊聊如何減輕這樣的壓力。

沃許博士指出，青少年透過社群網站說自己的故事，而我們可以幫助女兒用比較文學批評的角度來看待那些敘述。「我們也許可以問問女兒，」她說。「『你覺得那張照片如何？』或是『她為什麼要拍那張照片？』或是『這是要拍給誰看的？』並和她們討論照片背後的目的。」問這些問題也許不會讓女兒決定放棄社群網站，或是讓她們停止自我比較，這些目標並不實際。我們的終極目標其實只有一個：提醒女兒，她們在網路上所看見的東西，並不代表、也無法代表她們同儕獨特而複雜的特質，就像她們自己的貼文也無法完全展現她這個人。

放心競爭

女兒和同儕的競爭在網路上和現實生活中都在進行，就像丹妮奧會看自己的自拍得到多少讚數。不論是在哪個場所，女孩間的同儕競爭很容易就會演變成焦慮，尤其當女孩希望能和朋友們好好相處，卻又無法如願時。這個雙輸的局面自然會帶來強大的壓力來源。

幾年前的一個星期一下午，一位長期與我共事的小兒科醫生留了一則語音留言給我：「我把你推薦給一個十一年級生，她叫做凱蒂。她抱怨肚子痛好幾個星期了，但我們把所有的可能性都排除之後，覺得那應該只是壓力造成的。她爸爸這一兩天應該會打給你預約會談。喔，你應該會很愛凱蒂，她是個很棒的女孩。」

凱蒂的爸爸很快就打給我了，我催促他快將女兒帶來我的門診，因為她的肚子問題真的很嚴重，有時候甚至得從學校早退。當我在候診室裡見到凱蒂時，我立刻就知道我的同事是什麼意思了。凱蒂的服裝完全展現了創意與自信，她不像我們社區裡大部分的女孩都穿著緊身牛仔褲和合身上衣，而是穿著一條花紋內搭褲，搭配一件顯然是從二手店裡找到的復古A字裙。

我們很快就切入主題。

「你爸爸在電話上跟我說，你在各方面的表現都很優秀，但你的肚子最近讓你很煩。」

凱蒂的回應好像我們已經認識對方很久了。「我也不知道。一切感覺都還好，但大概兩個星期前，我莫名其妙開始肚子痛，醫生也沒辦法找到醫學的解釋。」

「肚子剛開始痛的那陣子，有發生什麼有壓力的事嗎？」我問。「我們的身體有時候會在壓力下崩潰，但每個人的身體崩潰方式不一樣。我只要壓力爆表就會眼睛發炎，但我只有眼睛開始出問題的時候，才會發現我好像把自己逼得太緊了。」

凱蒂思索了一下，然後說：「嗯，幾週前，我們校刊的顧問公佈了明年度編輯的申請期限……申請過程不太順利。」她頓了頓。「對，老實說，這比我想像的還讓我困擾。」

凱蒂說，她從九年級就在校刊的編輯群裡了，也決定要唸新聞系。今年底，他們邀請十一年級生來申請編輯的位置，而凱蒂很想要成為校刊的總編。雖然凱蒂念的是男女合校，但校刊的成員幾乎清一色是女孩，其中也有幾個是凱蒂的親近好友。

她解釋道：「我們不喜歡彼此競爭，所以我們已經討論好每個人去申請不同的職缺：總編、體育編輯、社論編輯還有專欄編輯。我想要申請總編，但有些朋友想要推麥蒂去投總編。我很愛她，也知道她很適任，但如果我也申請、還申請上了，我的朋友會很生我的氣。但就算撇開友情不談，如果我這麼做，我當總編的這一年還是會很難熬。」

「聽起來你做不做都不對呢。」

「該死的，沒錯。」她開玩笑地說。「難怪我緊張到肚子都痛了。」

我們的女兒接受鼓勵，變得野心勃勃，但她們與同儕競爭時，因為想尋找人際關係上能接受的方式，而遇到了困難。嚴峻的競爭總會包含一些健康的衝突，成為打敗其他人的動力。但女孩並非總是知道怎麼在競爭感和把「與人為善」當作宗旨的生活之間取得平衡。可以預期的是，這讓女孩更擔心和朋友競爭會破壞友情，而且擔憂的程度比男孩大得多。她們常想在不起波瀾的狀況下達到目標，卻無法如願。

野心勃勃的女孩不想讓人覺得她們在和人一較高下時，會想出各種扭曲的辦法，總會讓人印象深刻，卻也讓人擔心。如果她們做得很好，她們會偽裝或誤導人們自己沒有多努力。或者，她們會在拿到考試成績時假裝失望，但實際上考得很好。她們會為自己的成就尋求原諒。一個網球教練告訴我，他花了一整季說服一個充滿天份的球員，叫她不要在打出致勝關鍵球時道歉。或者，像凱蒂和朋友們一樣，她們會想出一整套辦法，好避開整個問題。

我們可以告訴女兒，成為有攻擊性的競爭者不代表就是有攻擊性的人，這樣便能減少她的壓力。在她們還小時，我們可以透過玩遊戲的方式，把這兩者的區別表現給她們看。雖然我們會想讓女兒贏，但這樣反而會讓她們覺得打敗她們是不友善的行為。與其對她們讓步（或是因為打敗她們而沾沾自喜），我們可以在贏的同時鼓勵她們，或是在她們做出聰明的決定時讚賞她們。如果女兒因為輸了而感到挫折，我們可以用充滿熱情的方式說：

「要和大人比很不容易。但等你真的打贏我的時候，你就會知道你是真的贏了。你會很自豪，我也會為你感到開心。」

我們也能指出，許多優秀的女性運動員在競爭時是非常強悍的競爭者，在比賽結束後，又是非常親切的好人。當我和女兒一起看奧運的游泳比賽時（這是我的最愛），我總會和女兒說：「看看這些女生。她們在水裡時是鯊魚，在陸地上時，她們卻奮力在幫彼此加油。」我們可以告訴女兒，她們競爭時應該拚盡全力，像是考試、徵選、表演等等的時候。但也要提醒她們，回到日常生活時，我們希望不論競爭的結果如何，她們都能為彼此加油，並且支持同儕。

無可避免的嫉妒

當女兒佔上風時，要她幫競爭者加油很簡單。但當事情不如她所願時，就沒有這麼容易了。由於女兒也投注非常多心力在朋友身上，當她們埋怨自己喜歡、在乎的朋友的成就時，那種感覺相當痛苦。我和凱蒂的會談正好充分表達了這一點。

我們一邊討論她的問題，凱蒂一邊意識到，她其實可以和校刊顧問聊聊這件事，因為顧問正好是一位她非常敬重也信任的老師。

「她很可靠，我知道她會希望我們公平競爭。她一定會期待每個職缺都有一個以上的人來應徵，我可以告訴她，那她必須要求每個人至少申請兩個職缺。她可以決定誰來擔任哪個職位，而不是讓我們自己決定。」她看起來鬆了一口氣，又補充一句：「這樣感覺好多了。」

她的點子很好。我把我的電話號碼給了凱蒂，並讓她知道，她可以隨時跟我報告進展，如果她的肚子痛沒有消失，她也可以再回來和我會談。

兩週後，凱蒂在父母的支持下再度回到我的診間。和顧問老師談談的計畫奏效了，她應徵了主編與社論編輯的職位。但讓她失望的是，她最後得到的工作是社論編輯。

「我的朋友翠絲當了總編。她會做得很好的。」她低垂著視線說道。「但我真的很想要那個職位……我覺得那是我從九年級以來一直努力的方向。」

凱蒂的眼淚幾乎快溢出眼眶。「我當然可以勝任社論編輯。但老實說……讓我最難過的是，我真的很嫉妒翠絲。我們很常一起出去，但現在看到她，我就覺得很不舒服，因為我覺得我不應該對她有那種想法，但我就是有。」

「聽著，」我說道，希望能安撫凱蒂的良心。「競爭心態不一定能用理性控制。你不需要為此有罪惡感，你會有這種感覺，只是因為你野心勃勃而已。」

我繼續說下去時，凱蒂仔細看著我。「嫉妒你的朋友或氣她得到你想要的工作，這都沒關係。這並不代表你對她的喜歡、尊重或為她感到的喜悅就一筆勾銷了。」

「對。我其實真的很為她高興，我知道她也超興奮的。」

「雖然聽起來很奇怪，但你對她的嫉妒和你為她感到的喜悅，其實是可以並存的。如果你因為嫉妒而做了什麼不友善的事，那才需要有罪惡感。」

「喔，我不會做那種事。」凱蒂很快地回答。

我熱情地點點頭，讓她知道我沒有這麼想。

「我們面對面的時候都很好，我只是很生氣自己不爽她。」

「嗯，」我說，「我希望你能自己放自己一馬。不要批判你自己的想法或感覺，需要被批判的只有你的行為。因為你是那種會拚盡全力的人，」我溫暖地微笑，示意她我熱愛她的決心，「當事情沒有照你想的發生，你當然會覺得不舒服，也許會有點嫉妒。不要因此自責，或讓這種感覺影響你的心情。你只要認清自己的感受，然後繼續努力下去就好。」

女兒嫉妒自己親近的朋友時會感到痛苦，羨慕認識的其他女孩擁有的衣服、暑假旅遊或是更開放的家規也會讓她們感到受傷。作為父母，我們有時候會被女兒和其他同儕比較所產生的壓力影響，因為我們無法幫助或者不能幫助她們在學校贏得這些競爭。

儘管我們不會因為這些比較改變自己的教育觀或家庭支出，我們還是可以舒緩女兒的不適，讓她們知道我們明白那種嫉妒讓她感到多無助。舉例來說，我們可以告訴她：「看到別人的好東西，會想要是很自然的。我看到別人的好車時，也會有這種感覺。但是身為一個大人，我比較能抵抗我的嫉妒心，因為這麼多年來，我已經把自己的優先順序定好了。現在，你還只能配合我們幫你做的安排，我知道並不是每次都讓你滿意。但不久之後，你會有越來越多決定權。」

*

女孩與同性友人的關係可以既美好又混亂，她們與異性的關係也是。我們教導女兒用健康的方式處理衝突的技巧，可以套用在她們與所有人的關係上。如果她們彼此競爭著某個男孩的注意，處理競爭的準則便能派上用場。但這並不是男孩對女孩造成壓力和焦慮的唯一方式。所以，現在讓我們來了解如何幫助女兒面對與男孩的相處中出現的挑戰。

女孩與男孩

Chapter 4

在羅倫女子學校，我除了與女孩做一對一會談之外，有時也會和她們進行團體諮商，聊聊她們面對的常見挑戰。我每週會和九年級的女孩們聚一次，討論升上高中後會出現的的社交、情緒與智力需求。我們穩定的會面讓我能逐漸認識每個班上的女孩，並為之後的諮商鋪路。到她們高中畢業前，學校每幾個月就會進行一次諮商。

在二〇一七年的十一月，我和一群年紀較長的高中女孩進行了那年第一次的團體諮商。我已經一年沒有見到她們了，所以我等不及聽聽她們的近況。與九年級的孩子對話時，我通常會擬訂一份計畫，確保我們會談到重要的健康與安全觀念，從睡眠的重要性到毒品防治一應俱全。但和十、十一或十二年級的學生諮商，我的計畫就比較沒有固定的結構。我會準備幾個我們可以討論的點子，並先詢問她們有沒有特別想聊的話題。

在十一月的早晨，六十五個女孩聚集在一間比較大的教室中。桌椅不夠每個人使用，但一如往常，很多學生樂於盤腿或伸直雙腳，席地而坐。她們並沒有急需討論的共同擔憂，所以我選了一個對當時許多成人都相當重要的主題。當時的 #MeToo 運動正如火如荼地展開，佔據了大部分的頭條，使大眾開始關注濫用權力產生的性犯罪。我想與羅倫女子學校的學生們聊聊性騷擾的本質，並告訴她們如果遇到類似事件要如何為自己伸張正義。

我提問道：「你們想討論 #MeToo 的事嗎？」

「好。」她們幾乎異口同聲地說。接下來的五十分鐘內，她們開始提出許多已經遭受的性攻擊經驗，來自於她們社交圈的男性或公開場合的陌生人，內容十分詳盡，令人擔心。我啞口無言。我一直覺得自己夠了解青少女，我的職業生涯也讓我如此貼近她們的日常生活，我卻對許多女孩時常碰到的騷擾一無所知。

我想先說在前頭，那天我並沒有和女孩聊到她們與男孩良好的友情與戀情。女孩們沒有提起與男孩們正向的接觸，因為那些感情關係並不需要我的幫助。我知道許多女孩的人生中都有忠誠而相處愉快的異性朋友，也有專一且愛護她們的男友，但我們那天的話題主要著重在讓她們感到不適或害怕的異性互動。如同我和那些女孩的談話一樣，這個章節也會著重在男孩對女孩造成的壓力與焦慮上。

男孩無疑也能讓女孩的日子過得更快樂。事實上，當我們認知到異性是多棒的存在，對我們或女兒來說，都更能展現出有些不恰當的舉動是某些男性自己做出的選擇，而不是女孩該承擔的責任。

日常生活中的不尊重

女孩們一開始還有些遲疑，但隨著越來越多人提出經驗，她們分享的速度也加快了起來。首先，一個女孩提到，她在校外認識的男生總是把婊子或蕩婦這種詞彙掛在嘴邊。

「而且就算是完全無關的事，他們也可以說。」另一個女生說道：「如果你走路的時候絆了一下，他們就會說——」她壓低聲音，並用嘲諷的口氣說：「『你絆倒了耶——你真的是有夠婊的！』」

「而且如果你回嘴，他們的反應也很不成熟。」第三個女孩惱怒地補充：「他們會說你白癡，說他們只是在開玩笑而已。我知道我們有時候會跟他們打打嘴砲啦……」

「他們也會抓我們的屁股啊。」一個女孩盤腿坐在地上，不安地把玩著手上戴的一枚戒指。幾個同學附和她說的話。

「什麼？」我完全不打算掩飾我的驚訝與反感。

「對啊。」一個留著深色長髮的女孩完全同意。「如果我們要拍合照，他們都覺得把手放在我們的屁股上是理所當然的。」

「真的嗎？」我說。「你們不能叫他們把手拿開嗎？」

「可以啊。」她回答。「但他們通常只會表現得像個混蛋，或是說我們反應過度了。」

坐在教室後排的一個女孩舉起手，說她的確有為了這種事和以前學校的一個男生起過衝突。「我們那時候是一群人在一起玩，然後團體裡的一個男生覺得隔著衣服彈我的內衣肩帶很好玩。我叫他住手，他就生氣了。」她頓了頓，然後又說道：「他刪了我好友，再也不跟我說話了。」

「哇……」我從錯愕緩緩轉變成同情，問道：「失去這個朋友對你來說沒關係嗎？」「對。尤其是如果他的反應是這樣，那就更沒有關係了。」接著，她有點哀傷地補了一句：「但老實說，我沒有想到他會做到那麼絕。」

故事一個接著一個說下去。她們說有些男生朋友每次見面打招呼時都一定要抱她們，或是不認識的男性在購物中心裡尾隨著她們，讓人感到極度不舒服。她們不斷提到男性踰矩，以及她們感覺自己好像無權制止這些越界的行為。

「有一次，我在市中心和青年團一起進行社區服務。」一個女孩坐在桌上晃著腿，「路上有幾個工人對我吹口哨，我被嚇到了。所以下一次我們離開服務地點的時候，我問同團的男生能不能換一條路走。」她繼續說下去：「他們問我怎麼了，我就告訴他們，然後他們叫我別傻了。」

這些女孩和我分享的事情其實不該讓我那麼驚訝。雖然她們平日幾乎都待在全女性的環境裡，但她們在校外受到的異性騷擾其實早有全國性的研究可供證明。美國大專院校女子協會的報告指出，在八到十一年級的女孩中，幾乎有一半的女孩在學校裡有被人以帶性意味的碰觸、抓住、捏或刻意擦身的經驗。在同一份調查中，女孩們也回報，男孩們會在她們的筆記本畫上陰莖的圖案、評論她們的胸部、偷看她們的裙底，或是捏造她們性生活的傳聞。

羅倫女子學校的學生與這份調查的數據讓兩個問題浮上檯面：性騷擾在青少年生活中屢見不鮮，而且女孩們時常覺得她們不該抱怨這件事。確實，調查發現，許多女孩告訴別人自己被騷擾時，他們通常會說那只是個玩笑、不是什麼大事，或是女孩應該要忘記這回事，或至少不要小題大作。

我們的團體諮商也點出了第三個甚至更讓人困擾的擔憂：許多女孩似乎對她們受到的騷擾感到丟臉，並且不確定對方的行為有沒有錯。雖然女孩們的確很想討論她們經歷的事，但我們的對談中還是有一股奇怪的暗流。女孩們不只是告訴我她們所忍受的騷擾，她們像在向我告解自己經歷的性騷擾。這些有能力的年輕女性們或多或少都在思索自己是否做錯了什麼，才會受到如此對待。

一堂課的時間即將來到尾聲，我除了傾聽之外，幾乎什麼也沒做。讓女孩敞開心胸、和彼此分享自己的遭遇很有幫助，但在我提起有些女孩心中沒有說出口卻清晰可見的羞恥感前，我還不想結束這堂課。幸運的是，一名坐在教室前方的女孩提出了責任歸屬的問題。

「但是——」她有點心虛地說。「我們有時候的確會把內搭褲外穿。」

「沒錯。」我十分感謝她為我製造的契機。「但我們必須搞清楚一件事：如果異性貶低你的尊嚴，那永遠都不是你的錯。有時候男性對你做出不恰當的評論或是佔你便宜，和你的穿著、外表或你在哪裡都沒有關係，不管你是在排隊還是去舞會都一樣。騷擾的成因只有一個，就是他們試著透過貶低他人來抬高自己。就是這麼簡單，我也能證明。」

然後我告訴她們一個發生在我身上的經驗，就在幾個月前才發生。我參與一份工作，穿著工作套裝，正在和一群剛認識的男性說話。談話才開始不久，其中一個男人從對話中發現，他老婆放在床頭櫃上一本關於青少女的書是我寫的。他接著以挑釁的口氣說道：「你一定出現在很多人家的臥室裡喔。」

「哇！」女孩們回應道。「那你怎麼辦？」

「我愣住了。當有人踰矩時，這才是個問題。這個互動發生得太快，會讓你措手不及。」

「所以什麼事都沒發生嗎？這件事就這樣過了？」她們問道，似乎對故事的發展很失望。

「其實呢，」我回答：「其他現場的男性替我阻止了他。我很感激他們。那個亂說話的男人很快就後悔了，而反擊的人並不是我。」分享了我的故事後，我突然想到我們要怎麼以有幫助的方式結束這堂課。「在你們離開前，」我說。「我想跟你們說說，如果你們受到性騷擾，你們可以和誰說，或是當你們在面對男生不適宜的舉動時，你們該如何幫助彼此。」

幫助女孩處理騷擾

當我結束諮商、走出教室時，我很清楚，成年人並沒有意識到，更別提點出青少女們在日常生活中常受到的騷擾。此外，我們的女兒也需要有效的策略應付那些羞辱性的語言，以及她們並不想要的佔便宜舉動。騷擾的行為會對女孩造成壓力，越界的舉動也會讓女孩感受到威脅。如果我們要協助女孩處理性侵略性意味的行為所帶來的壓力與焦慮，我們必須創造能讓她們坦然抒發的環境。

作為家長，我們很容易低估女兒受到的不當對待，因為她們通常不太樂意和我們提起。我越思索那場團體諮商中在女孩間流動的羞愧感，我就越認知到性騷擾是多麼罪大惡極。別人對我們的看法會塑造我們對自己的看法，這可以非常正面。當我們所敬重的朋友或同事打電話來徵詢我們的意見，我們會接下這個挑戰，並覺得自己比接電話前更聰明或更有能力。但這也可能是負面的。如果一個朋友不願意告訴我們關於他的某些個人消息，我們也有可能會質疑自己是否不像我們以為的那麼值得信賴。

當一個青少女（當然也可能是成年女性）受到貶低尊嚴的對待，她對於自己的看法也許會因此改變，覺得也許自己某方面來說值得被這樣對待。女孩也許會決定把不恰當的對待吞下肚，隱忍不發，因為她相信，成為被騷擾的對象會對她的形象帶來負面影響。

我們的女兒也許不想告訴我們與男孩之間的過節，因為她們會擔心我們的反應。她們也許會預設我們聽到會不開心，而這可能是對的。有了這個前提，女兒也許會怕告訴我們性騷擾的事情後，會讓自己被檢討（例如：「你和那個人出去幹嘛？」或是「你一開始沒有和他打情罵俏嗎？」或是「你那天是怎麼穿的？」）。或者，她也可能會擔心，我們的保護本能會讓我們做出一些對她而言更糟糕的介入行為。考量到這一點後，我們就不該等女兒自己提起性騷擾的話題。

到女兒七年級左右，請試著問問她在學校和男孩的互動怎麼樣，以及他們是否尊重女孩。如果她有經歷或目睹某些事件，告訴女兒你很高興她說出來了，你也隨時準備幫助她解決某些男孩讓她感到困擾的行為。如果這個問題讓她很意外或是更閉口不談，請讓她知道你有聽說男孩越界的事情，並向她保證，如果她在這件事上需要你的協助，你永遠都不會讓她覺得是自己的錯。就這點而言，你可以說：「性騷擾的受害者並不是檢討的重點，加害者才是。」我們越讓性侵略性相關的行為曝光，就越能減低女孩在受到不恰當對待時那種不必要的羞愧感。

當你提起這些話題時，請向女兒清楚表明，你隨時能和她聊聊那些可能是灰色地帶的部分。如果她的確在和某個人打情罵俏，卻逐漸往帶有攻擊性的方向發展了呢？如果她穿著內搭褲去逛街，卻聽見有人討論她的屁股形狀呢？

有時候，我們在這些對話裡提出的準則非常清楚。例如，我們可以提醒女兒，任何人對別人表現粗魯無禮或低級都絕對是錯誤的。但有時候，我們可能也會面臨非常難回答的問題。我一個朋友的女兒滿十三歲後，他跟我說：「我沒辦法接受有人會對她吹口哨，但我又擔心告訴她該怎麼穿著打扮會讓她覺得那是她的錯。我該怎麼辦？」

「我也不確定。」我說。「但把你剛剛說的話直接告訴她，也許會是很好的第一步，看看她覺得你們該怎麼做。」

如果你的女兒認為自己是同性戀或是雙性戀，請不要預設她就不會受到男性的性騷擾。研究顯示，非異性戀的高中女孩受到的性騷擾就和異性戀的同學們一樣多。此外，研究也發現，受到性騷擾的女孩會有較高的心理壓力以及較低的自我價值感，而這些結果在同性戀、雙性戀或性向還在流動的女孩身上會表現得更極端。更糟糕的是，同性戀、雙性戀或還在確認性傾向的女孩在面對評論、嘲弄或是流言時，也許會覺得自己無法向同儕或父母尋求協助。

針對非異性戀女孩所受到的高度性騷擾的研究中，有兩個很重要的關鍵。第一，我們應該更注重在性向上弱勢的群體受到的攻擊行為。幸運的是，學校提供的保護與家裡提供的強力支持，能夠減緩非異性戀青少年所受的傷害。第二，當我們聽見女孩或年輕女性受到性騷擾時，我們應該阻止自己檢討受害者的衝動。如果女孩抱怨某些男生的行為，通常會有人質疑她們釋放出的訊號。非異性戀女孩仍持續受到性騷擾，在在顯示出，男孩做出的騷擾行為與女孩在異性戀市場中的地位毫無關係，只與男孩做出騷擾行為的決定有關。

一旦我們能開誠佈公地討論性騷擾的話題，我們就能和女兒聊聊這件事情也許會有多可怕。對女孩吹口哨、竊笑或是有性意味的評論並不是無害的。男孩出格的行為會讓女孩緊張，而在這個狀況下，我們最不該做的就是告訴女兒這沒什麼。當男孩與男人越界的時候，女孩感受到的焦慮感是十分健康的，因為這種不適感會提醒我們有威脅，叫我們提高警覺。

你可以對女兒這麼說：「當一個男生說了或是做了什麼不恰當的事，那其實非常可怕。就算不是什麼大事，每個女生也都會想：『如果他現在這麼做了，那之後他還會做什麼？』」男性通常比較有文化影響力，也比女性更有生理優勢。因此，當一個男性表現出想濫用權力時，大部分女性就會有本能的恐懼反應。「就算一個男生只是讓你起雞皮疙瘩，」我們可以這麼說：「我也希望你能認真看待這個感覺，並和他保持距離或尋求幫助。」

在告訴女兒被騷擾不該感到羞愧，而且應該重視被不當對待時產生的不舒服後，我們就能提到性騷擾其實是一種性的霸凌。霸凌者運用社會或生理上的優勢恫嚇或羞辱他人，騷擾者也是用相同的方式做出低級下流的舉動，用粗俗的語言和佔便宜來達到一樣的目的。

女孩其實比大人以為的更清楚被男孩霸凌是怎麼回事。我們的文化著重在壞女孩對女孩的霸凌，讓我們把注意力從有完整研究證明的事實上移開，那就是比起被女孩霸凌，我們的女兒更有可能受到男孩的霸凌。一部分的原因是男孩會欺負男性或女性同儕，但女孩較少霸凌男孩。男孩不只用生理與言語霸凌（例如亂取綽號），有些研究也顯示，他們更容易做出關係式霸凌（散播謠言、排擠）以及網路霸凌，這兩種霸凌都不合理地被怪到女孩頭上。有研究比較女孩受到霸凌與性騷擾後的心理成本，發現這兩者都會帶來傷害，但比起霸凌，性騷擾更容易破壞女孩的學業表現，並讓她們覺得不被老師支持，或在學校社群裡感到疏離。

針對霸凌與騷擾的長年研究為我們提供了一些作法。首先，就如先前所提到的，我們需要確保那股羞愧感不會讓受到不當對待的年輕人裹足不前。第二，我們需要讓旁觀者願意為了受害者站出來，也就是任何霸凌或騷擾發生時的目擊者。我們對兒子和女兒都該這麼說：「如果你看到有人對別人很壞或是性騷擾，你就有義務做些什麼。你必須要保護受到攻擊的人，告訴大人發生了什麼事，或是兩者都做。」

總而言之，我們的女兒不應該在面對殘酷行為時感到無助，也不該在沒有大人協助或介入的狀況下，獨自應付男孩不恰當的舉動。大部分的成年女性在性騷擾發生時，都可能不知道該如何處理，所以我們不該期待女兒有辦法自己應付這些情況。

有害的攻守範例

有些女孩也對男孩有性侵略性的行為。雖然男性比較常有騷擾女性的行為，但不當對待並非一直都是單向的。研究顯示，女孩對男孩的騷擾有些是面對面的，但更多是在數位環境中。在女孩自願的情況下，有百分之六的女孩曾傳裸照騷擾男孩，有百分之九的女孩曾傳過妨礙風化的照片給男孩，有百分之五的女孩在網路上逼迫男孩做出性活動（同樣的行為，男孩的統計則分別是百分之二十二、八與十九）。

這些研究和我在門診接觸到的某些案例相符。我遇過不只一次，擁有兒子的家長向我詢問要拿這些獵食者猛獸般的女孩怎麼辦。很顯然地，我們不該把這樣的行為當作性別漸趨平等的正面徵兆。女孩決定加入某些男孩的行列，展現低俗的行為，這完全不值得嘉獎。儘管如此，我們還是得先暫停一下，正視這樣的研究結果：就算女孩對男孩做出不恰當的行為，研究顯示，這並不會造成和男性騷擾女性時相同的負面影響。兩性在社會權力與生理力量上的落差也許能解釋，為何被男孩騷擾的女孩總是比被女孩騷擾的男孩更容易感受到威脅。

舉例來說，一名我很熟的同事最近打給我，想向我諮詢一個最近在她那裡進行會談的十二歲女孩的狀況。女孩的父母在例行檢查女孩的手機時，赫然發現她一直在要求班上一個男生寄自己的男性生殖器照片給她看。她說，作為回報，她會回寄胸部的照片給他。當男孩終於屈服在女孩不斷的要求之下，女孩也遵守了自己的諾言。「我真的不知道要從何開始。」我同事說。「因為這個可憐的孩子現在有兩個問題了。我們之所以會開始會談，是因為她的爸媽想知道她為什麼覺得自己可以跟男生吵著要裸照。但同一時間，她自己寄出的照片在學校裡引起了軒然大波。同學裡沒人在意男生傳屌照給她，但幾個同學開始在社群網站上貼文，說我的當事人是個婊子。現在她不願意去上學了，但我懂為什麼。」

顯然，強迫或貶低任何人的行為都不恰當。雖然我無法清楚解釋女孩們對男孩做出的越界行為，我的確知道該用什麼角度來理解這種無人樂見的立場轉換。成年人很常在無意識的情況下，讓年輕人有這樣的印象：在浪漫的氣氛當中，總有一個人扮演著進攻方、另一個人扮演著防守方。我們把這個錯誤的觀念運用在許多層面上，有些我們甚至沒有自覺。當我們這麼做的同時，通常會認定男孩是試圖佔便宜的那一方，而女孩得想辦法自救。

當我聽見女孩們做出性侵略性的行為時，我把這些行為視為有害的攻守前提產生的副作用。對這樣的角色安排感到不舒服的女孩不知道自己還能怎麼辦，也許會決定，如果只能選擇當壓迫者或是被壓迫者，那她寧可把握機會試著壓迫對方。這對我們的兒子或女兒都不是好事，但在我們讓這個有問題的框架解體之前，這個狀況是不會有所改善的。讓我們來看看我們是怎麼走到這個令人煩惱的境地，好讓我們能引導年輕人走上更健康的路。

性別化的性教育

當我們和年輕人在家和學校裡談起他們逐漸開始的感情生活時，一個奇怪的模式總會自然而然浮現。成人總會提供兩套不同的「談心」內容，一套給女孩、一套給男孩。對女孩們，我們所說的話不外乎以下幾句：「你的感情生活，有幾個重點需要考慮。首先，不要讓自己陷入事情可能會往壞事發展的處境裡。第二，不要得性病。第三，不要懷孕。」有些大人也許還會補充：「喔，還要小心你的名聲。不要讓人覺得你隨便或是很不挑。」研究告訴我們，男孩收到的訊息則簡短得多，通常只會有：「老兄，跟女生上床的時候，記得戴保險套，還要徵求對方同意喔。」

青少年可不蠢。他們會從這些有性別差異的道理中得到非常清楚的言外之意。男孩們聽見的是成人告訴他們，所有男性都有強烈的性需求，而在同意男生遵從這個需求行動時，我們同時也提醒他們要小心感染和意外懷孕的風險，或是被指控行為不檢點。而女孩們聽到的只是一系列的禁止清單。在羅倫女子學校，我們把這份清單當作性別教育課程內容，教了幾年之後，我突然不舒服地意識到，這個清單背後隱含的意思其實是：「小姐們，大人希望你們的性生活不要太活躍。」再深思下去（而且感覺更不舒服），我發現在「不要發生性行為」的教育下，其實隱藏著另一條訊息：「此外，小姐們，我們要請你們負責管好青少年的性行為，因為我們不會叫男生這樣做。」

身為女孩的守護者，我實在很難接受自己一直以來都在積極地推動雙重標準的兩性教育。作為心理醫生，我越來越清楚，這樣僵化的性教育也許正好為女孩們帶來了大量的心理壓力。我們不僅不重視女孩天生也有的性需求，我們還告訴她們：「大人們不喜歡你們有性衝動，所以我們要完全無視這些衝動，並要你們在男孩們踩油門時，負責踩剎車的工作。」

這個訊息就是在告訴女孩，那些對性產生興趣的女孩們是有問題的。所以當一個年輕女孩的心理和身體都在告訴她某件事，大人卻給她另一個說法的時候，她要怎麼做呢？女孩通常會感到焦慮，並對她們自然而然產生的感覺感到羞恥。

也許你早就在家裡打破這個不幸的文化傾向，將女兒的性啟發視為健康快樂的成長過程。但就算你針對她的性向啟蒙傳達正面平等的訊息，這個世界還是會不斷灌輸她另一個觀念，所以我們也必須特別教導這一點。我想我不需要再度強調，針對女性慾望的文化偏見是多麼深藏在語言之中，人們有一系列用來表示女性縱慾的詞語，例如蕩婦、婊子、公車、香爐等等。

玩咖則是少數我們用來形容男性性生活忙碌的用詞之一。但是，和用來形容女性的詞語不同，許多男生會以驕傲的心態自稱玩咖，因為他們在褒揚男性生殖力的文化環境中長大。現在，對男人最具貶低意味的形容大概是渣男，指的是喜歡玩弄女性、同時多線發展，並只想要快速有肢體接觸的男性。但當我問女孩，男生被罵渣男時受的傷害和女孩被稱為婊子時受的傷害是否相當，答案總是「不」。

性方面的雙重標準對我們女兒的心理健康帶來了很大的傷害。一篇研究的標題巧妙地叫做〈只要你是女生，做或不做都不對〉，研究了青少年之間性愛簡訊的動態分佈。這篇研究和其他研究一樣，發現男孩和女孩都會傳裸照，但男孩更容易強迫女孩這麼做。此外，這份研究裡的女孩也說，不管她們做了什麼，都會被男孩貶低。那些拒絕傳裸照的女生被說假正經，那些傳了裸照的則被說是蕩婦。就和我同事在她的當事人身上看到的一樣，當女孩向男生要求裸照時，研究裡的男孩不管有沒有傳性愛簡訊，他們都「免受批評」。

當然，任何未成年人傳出自己的裸照都不是好事。在這個前提下，我們一直不斷提醒女孩不要這麼做，但我們幾乎從來沒有要求男生不要去要求這種照片。所以他們就這麼做了。一篇研究發現，在介於十二歲到十八歲之間的女孩中，有超過三分之二的人曾被要求提供裸照，有時候甚至是騷擾或威脅。我們沒有點出男孩要求女孩寄裸照的事實，正好說明有多少大人在無意識的狀況下，就已經接受並延續了「男孩進攻、女孩防守」的問題框架。我們賦予女孩約束青少年性行為的責任，而且只有女孩。這一切都讓我們的女兒落入心理負擔極大的處境裡：如同研究所說，最後她們做或不做，都不對。

平等的性教育

如果想對我們的女兒或兒子都好，我們應該放棄那種針對性別設定的性教育，並用較單一的方式與年輕人討論他們逐漸出現的性需求。在這個議題上，我們應該遵守青少年性健康專家、小兒科醫師瑪莉・奧圖博士的準則：「我們希望青少年能發展有意義的感情關係，並希望他們能體驗親密行為。」在這個前提下，她建議我們「將對話中的性，從風險因子的分類裡，轉而歸類到健康發展的領域中」。

具體來說，這代表我們應該這樣告訴孩子：「當我們談到感情生活的生理層面時，你必須好好思考你想要的是什麼。你應該想辦法弄清楚你希望能發生什麼事、什麼事對你來說是有趣的、什麼事是舒服的。」我知道這個話題有時候不是那麼舒服，而說出這兩句話的父母，很可能會讓自己的青少年孩子想一頭撞死。但不論如何，還是必須說這兩句話。如果我們希望能幫助女兒紓解文化中對性先入為主的壓力，我們不僅需要承認她們健康的慾望，還要溫暖地表示認同。

如果你覺得女兒願意繼續和你聊這個話題，你可以說：「等你知道你希望發生什麼事之後，下一件你要考慮的事，是你的伴侶想要什麼。你會需要跟對方溝通，你必須很了解對方，才會知道對方的需求。」換句話說，我們必須強調與戀愛對象誠實互信的感情的重要性。

當我和女孩討論到她們的感情生活時，我每次都說**伴侶**，幾乎不說**男孩**，除非我們討論的是僅限於異性戀的現象，例如意外懷孕。我的通用課綱適用於異性或非異性戀，事實上，也適用於所有年齡層。成年人太常無意識地（或者有意識地）用一些專屬異性戀的詞彙，將同性戀、雙性戀或流動性向的年輕人排除在感情教育之外。當我們拋棄排外的異性戀框架，並記住不論是什麼形式，生理的親密關係都應該由兩人愉快地攜手努力時，所有人都會因此受益。

雖然我在這裡提出了完整的準則，但在現實中，我們必須不斷提醒孩子關於生理親密行為的事。這其中有兩個原因。首先，就像先前所知道的，女孩們並不總是樂於和雙親討論感情生活（很多大人也覺得這個話題很尷尬！）。因此，如果父母能有效地表達重點，隨時點到為止，並且不要特別期待女兒的回應，這會對談話很有幫助。如果你的女兒恰好很樂意談談她的感情生活，你就可以順著她的引導進行更深入的對談。但如果你努力談論這個話題只是熱臉貼冷屁股，你也許是和她說：「雖然這聽起來很多餘，但是我還是要說一下：你必須真的很享受這段戀愛關係，也只能跟在乎你快不快樂的伴侶在一起。」請不要氣餒，讓你的女兒知道你的立場也是很有價值的。

第二，這些對話的本質和焦點必須隨著女兒的成長而改變。若女兒年紀還小（例如小學高年級或是剛上國中），我們可以用比較普遍級的方式，來讓女孩了解自己想要什麼。如果你女兒的一個男同學說要邀請她朋友去參加六年級學生的畢業舞會，你可以輕鬆地問：「真是貼心，你覺得她也會想跟他去嗎？」等到女兒長大，她們喜歡的電視節目、喜歡聽的音樂的歌詞或是她們對同學所提出的評論，都可以是父母利用的機會，能和女兒討論怎樣的戀愛是愉快且平等的。

有些時候，女兒可能會主導整個對話的走向。但如果她們沒有，這就是我們的工作。我的大女兒念七年級的時候，有一次我在超市裡排隊結帳，正好排在她一個名叫莉西的同學媽媽身後。我很喜歡這個媽媽，而且我在學校活動或平常街上很常遇到她。那天她看到我時，便很熱情地說：「噢，我跟你說喔！幾天前，莉西突然問我：『為什麼有很多像婊子或蕩婦的詞用來形容女生，但對男生都沒有？』」她一邊把雜貨放到輸送帶上，一邊繼續說：「我就說：『好問題！』我告訴她，我們的用詞代表了我們的文化所相信的事，還有，很不幸地，我們的文化對性生活活躍的女生沒有正面的用詞。」

「我很高興莉西這樣問你，也很高興你藉這個機會提到性別歧視在我們的語言中扮演了怎樣的地位。」然後我補充道：「希望我們的女兒能找出詞語來形容健康的女性慾望。因為我們顯然沒有機會。」

我們希望女兒能在自己的感情生活中擁有強烈的個人意識，她們應該享受這段關係，而且永遠不該被人利用或虧待。所以，現在讓我們來談談該如何展開這場對話。

光是同意還不夠

等到我們能夠正面看待女兒逐漸開始的感情生活，並第一次提起這個話題後（通常是在國中的時候），我們就能逐漸往感情中非常重要的一個關鍵邁進：達成共識。「等你知道你想要什麼、你的伴侶又想要什麼之後，」你也許可以這麼說：「那你就可以開始思考，你能夠積極同意的有哪些事情。」我發現，這通常是我們談到同意與否的時刻（通常在高中階段），但我覺得，當我們提供年輕人關於性的親密行為準則時，我們需要重新思考「同意」這個被過度使用的詞的定義。簡單來說，當兩人準備進入一段應該共享愉悅的肢體關係時，只要求「同意」，是低到不能再低的標準。

對我們的兒子和女兒，我們都可以明確指出，雖然大人極力強調「同意」的重要性，這個詞本身卻只是一個法律詞彙，指的是一個人准許另一個人做某些事的最低標準。我們可以說：「如果你只是給一個人許可，讓他帶你出去約會、牽你的手或是做任何其他事，這樣就是有哪裡不對勁。你的感情生活應該要更有趣才對！」我們也應該要補充，如果孩子的戀愛對象給他的回應是「嗯……好吧」，我們絕對不能把這視為能夠進行性行為的綠燈訊號。健康戀愛關係的重點是找到兩個人都能達到的愉快共識。當我們迎接年輕人進入戀愛的世界裡時，應該讓他們抱持最高標準，而不是最低標準。

在這個話題上，我們可以提到，在某些互動中，同意也許是足夠的，例如當你授權讓牙醫為你做根管治療的時候。我們也能向孩子們確定他們以後一定會聽到別人說，如果沒有得到伴侶明確的同意，就會有犯罪的風險。但我們和年輕人討論戀愛的模樣時，不應該只停留在這裡。把最低限度的同意視為合理標準，恰恰會加強我們想擺脫的「進攻與防守」模式。

從稍微不同的角度來說，雖然「同意」理論上是雙向的，但當我們使用這個詞時，我們腦中的前提是男孩能用生理優勢戰勝女孩，所以他們必須確保自己取得同意後才能進行下一步。所以當我們用「同意與否」來討論性行為時，女孩接收到的便是充滿壓力的訊息，覺得男孩會逼迫她們做某些事，而她們必須當自己的守門人，決定男孩可以或不可以做什麼。當我們改從與伴侶達到「愉快共識」的角度來討論這件事，就能用快樂模式取代充滿壓力的模式了。

性賦權能夠保護性健康

等我們清楚表明女兒和她的伴侶應該達到兩人都積極同意的共識，接下來呢？我們的女兒必須自問，她同意的行為會不會帶來任何需要特別處理的混亂後果。我們可以說：「當你和伴侶決定好你們想做什麼之後，下一步就要考慮可能得承擔的風險。如果你們的計畫對你和伴侶來說意義不一樣時，有人會因此受傷嗎？你有可能會生病嗎？有可能會懷孕嗎？」

有些大人可能會擔心，在討論性行為帶來的愉悅之後才討論風險管理，也許會讓女兒不願意優先考慮性健康的問題。但研究結果正好相反。不清楚自己性需求的女孩才最容易在肢體接觸上妥協，更容易配合她們其實不想要的性活動，並讓自己的健康陷入危險。研究也顯示，比起會質疑性別傳統的女性，那些遵循傳統性別角色的年輕女性（例如接受在臥室裡男孩主導、女孩跟從的想法）更不會採取避孕措施或想辦法避免性病。

在荷蘭，青少年的性傾向長期以來都被視為健康、自然的事，對男孩和女孩來說都是，也能在家裡和學校公開討論。專家指出，這些文化因子以及能輕鬆取得避孕方法的荷蘭醫療體系，能夠解釋為什麼荷蘭的青少女懷孕率、生產率以及墮胎率是已開發國家中最低的，美國卻是最高的。研究員分別訪問了美國與荷蘭的大學女生，請她們分享自己的性教育與看待性的態度，確實發現兩國女性有著顯著差異。舉例來說，一名荷蘭女大學生說她和伴侶「一起做了一個計畫，決定他們想要做到什麼地步，還有用什麼保護措施」，而一名美國女大學生則表示，為發生性行為的可能性做準備，例如購買保險套，「代表這個女孩是個蕩婦」。

結論是，女孩如果認為自己無權享受生理性行為，會讓她們的感情生活充滿壓力與焦慮。在發生親密接觸時，她們擔心自己的名譽而無法享受。他們讓男孩主宰這段關係，而不是自己主張她們想要或不想要什麼。她們也無法採取適當行動保護自己的性健康，讓生理親密關係變成高風險、高憂慮的事件。當我們鼓勵女兒對自己的慾望感到自在時，她們更有可能獲得應得的安全而愉快的戀愛生活。

拒絕性行為的方式

我們當然不能讓女兒覺得她在異性戀的性關係中必須扮演守門員的角色，而男孩卻不需要。但事實是，有時候女兒的確不像她們的伴侶一樣想做到那麼多。不幸的是，同樣的

「進攻防守」失敗框架一次又一次教導女孩與年輕女性，在這樣的時刻她們該怎麼做。我們不斷教導女孩們，唯一拒絕性行為的方式，是清楚、直接、毫不猶豫和掩飾地說「不」。

這個準則就像我們對「同意」的看法一樣，有一部份是來自法庭。這當然是個充滿好意的定義，尤其是在約會強暴的案件中，年輕女性清楚表明自己不想發生性關係，便足以扭轉整個判決。我也相信，這有一部分來自我們最重要的願望：教導女兒她們和男人是平等的、有權利的，尤其是在主宰自己身體的時候，她們可以使用否決權，不必感到羞愧或抱歉。但是，其實有很多方式能讓我們的女兒清楚表明她們想要和不想要的東西。將「說不」這一點視為所有選項中的第一順位，在現實中有時候也許是不切實際的。

我最近和一位在大學諮商中心工作的同事共進午餐時，才又一次認知到這件事。我們在一間亞洲速食餐廳碰面，點完餐後，便拿著托盤走到一個安靜的角落。我們各自問候對方的家庭，並小聊接下來的暑假計畫之後，她便轉移了話題，用有些急切的口吻說：「我覺得我一直看到某個狀況發生，我想知道你是不是也這樣覺得。」她口氣裡的擔心讓我也不由得有些緊張。她繼續說下去：「過去這幾年，我聽見越來越多女生告訴我，她們之所以會來找我談，是因為她們在不想要的狀況下和某人發生關係。」我點點頭，示意她繼續。「她們當下就知道自己不想做，所以她們來找我的原因有兩個：她們覺得被強迫，而且她們不知道自己為什麼沒有說『不』，或是做任何表達拒絕的行為，這讓她們覺得困擾又困惑。」

我同事所描述的狀況很典型。通常，她的當事人是身處在一場派對，也許是兄弟會或其他地方，然後她可能正在和某個男生說話或調情。接下來，事情的發展可能是：女孩仍照著自己的意思，答應和他回到房間裡，好讓他們更進一步。隨著親熱行為的進行，年輕女孩終於意識到兩件事：她並不想發展到真正發生性行為，而她正在從男伴身上收到強烈的非語言訊號，告訴她，他預設這個晚上就是要做這件事。

我的同事說，她的當事人們告訴她「她們決定『做完就算了』，因為她們沒辦法開口拒絕。她們覺得同意和這個人一起來到床上親吻和愛撫，似乎就代表她們簽了一份社交契約，而她們無法違背」。

我向我朋友保證，我完全懂她在說什麼。因為，一個聰明、獨立的大二女生最近才帶著幾乎一模一樣的問題來到我的門診。「我很驚訝。」我告訴同事：「她氣自己是個『失敗的女權主義者』，生氣的程度幾乎和她氣那場自己不想要的性愛一樣多。」我的同事懇切地點著頭：「對，她們都是強悍的女性，她們並不膽小。她們來到我的辦公室，對自己生氣，因為她們知道自己當時應該出言制止。但她們擔心如果自己說『不』，可能會傷害那個男生，或是讓自己在學校裡被說到處勾引別人，所以她們就配合做了其實不想做的事。」

當然，在這些狀況裡的男性不應該把沒說出口的「不」視為「同意」，這些年輕女性也不應該擔心男生會對她的誠實有糟糕的反應。幸好，許多高中和大學正積極地幫助學生接受性別倫理教育，學習如何坦白並有效地與性伴侶溝通。但是，如果女兒調情的伴侶正好不願意在過程中的每一步都尋求積極同意，她們也不應該落入無法開口的困境裡。

我們當然要持續告訴女兒，如果情況允許，她們有用清楚簡單的「不」字拒絕性愛的權利。但這個建議還不夠。事實上，她們還有很多方式可以表示毫不含糊的「不」，而我們也不希望年輕女性覺得她們只有一種方式能拒絕性愛。原因是這樣的：我同事描述了兩個年輕女性不願意直接說「不」的情況。其一是她們擔心會傷害對方的感情，其二是她們擔心這麼做會招致具攻擊性的回應。

確實，每個文化都有複雜的拒絕藝術，因為違背別人的期待是件大事（我們先預設，這對一個期待發生性關係的人來說再正確不過，不論他神智是否清醒）。在最普通的日常活動中，直白的拒絕是非常少見的，因為這通常會讓人丟臉。大部分的人會用說好話、表達遺憾，並提出解釋或藉口的方式拒絕別人的要求。換句話說，當一位點頭之交邀請你參加一場你沒興趣的晚宴時，你不太可能會說：「不，我不想去你的派對。」你比較有可能會說：「喔，感謝邀請。我真的很想去，但那天晚上我已經有別的安排了。」

如果你的女兒不在乎訊息接收者的感覺，或不必擔心自身安全（例如在一場派對裡被人用奇怪的方式求歡，就應該注意了），不加修飾地說「不」就很合理。以此為前提，我們應該將基本的「說不」理論延伸到如何不含糊地拒絕他人、又同時保護與對方的關係，如果女兒想這麼做的話。我們可以讓女兒知道，有些時候，她們在活動中應該要能自在地說：「嘿，現在這樣是很好玩，我不確定你是怎麼想的，但我今天晚上不想做愛。」

我們當然會擔心有禮的拒絕會被當作含糊不清的「不」，或變成談判的開端，或者，甚至被當作「同意」。事實是，這三種可能性都是對方故意誤解現況時才會出現。因此，我們可以告訴女兒，如果她需要重申自己的拒絕，她可以暫時無視伴侶的感受。我們要鼓勵她，在那一刻，她應該要自己判斷，決定她要直白地說不或用其他社交策略來應付，比如找個藉口。

確實，調查年輕女性拒絕性愛方式的研究者發現，找藉口是大部分女性會使用的策略（例如覺得不舒服或擔心懷孕）。這份研究裡的女性覺得，「弱化自己攻擊的力道」是很重要的，這樣可以避免伴侶感到「非常不愉快」。這帶我們來到第二種原因：年輕女性擔心唐突的拒絕會引起對方的憤怒。語言學家發現，直接的拒絕很容易被人覺得無禮或有攻擊性，尤其是那些沒有解釋的拒絕，因為我們的社會有「不直接說不」的慣例，而且這個觀念深植人心。女性主義者及語言學家狄波拉．卡梅隆質疑，我們標準的「直接說不」建議，基本上是在告訴這些年輕女性「正面對質地拒絕男性，會加重這個拒絕的冒犯性」。

如果一個女性擔心男性無法和平接受她的拒絕，那我們為何還要教導女性用聽起來侮辱人的方式拒絕男性呢？

我和同事遲遲不願意結束這頓午餐，一心想找出能夠幫助我們門診裡那些女孩的方法。她和當事人聊過未來的性行為計畫，她們就像那份研究裡的女性一樣，說自己會用事先準備好的藉口脫身，例如突然「想起來」要跟朋友見面，所以要提早離開，或是身體不舒服，所以不想做愛。我和朋友一邊用吸管喝著融化的冰淇淋，但我知道，我們兩個都對這個解決方式感到有點不舒服。我們一方面都急切地想幫助這些女孩避免她們不想要的性行為，另一方面，卻又不想建議她們用藉口拒絕。

接下來的幾週，我不斷回想那段午餐的對話。我越想越發現，我過去一直在建議青少女可以用藉口拒絕做某些事，像在派對上拒絕吸食大麻等等。我會這麼做，是因為藉口可以讓青少女們拒絕自己的同儕，又不會招致社交上的報復，例如「我也想啊，但我爸說他會拿我的頭髮去做藥檢」。換句話說，期望人們能在微妙的社交關係中保持完全透明化，對大部分人來說非常不切實際。我寧可讓青少女說善意的謊言，也不要因為沒有方便的方式說「不」，而被迫做危險的事或她們不想做的事。

但這一切並不代表女兒的性伴侶就能免責，假裝不懂「不」就是「不」，不論任何形式都一樣。但女孩一開始並不會知道和自己的性伴侶能溝通到什麼地步。因此，我們必須幫助女兒做好準備，面對我們希望她能擁有的戀愛關係，以及她也許會意外碰上的戀愛關係。

說到底，我認為我們給女兒的建議是以結果論來看的。如果女兒發現自己身處一段充滿電流的親密互動中，而不願意直接說「不」，那我們就該發揮創意，將我們的建議延伸到「溫和地說不」或是提出藉口。在這樣建議女兒的同時，我們應該要強調，女孩在不同的情境中應該採用不同的方式，但不論如何，她們都應該明確表達。「我現在不想做愛」也許並不恰當，但「我今晚不想做愛，但我希望我們下次可以再試試看」就可以；「我想我應該去跟朋友見面了」也許還不夠，但「我記得我答應要載朋友回家，我現在要走了」就很明確。只有在女兒能夠輕鬆表達她們想要的事，並且有各種實際方法能避免做她們不想做的事時，她們才能好好享受戀愛關係。

速食戀愛文化的真相

我同事跟我分享的那些故事告訴我們，這幾年來，談戀愛的模式已經有了劇烈的變化，尤其是在大學生之間。現在我們有一種「速食戀愛文化」，談戀愛、追求與承諾的關係被速食的性關係所取代。一夜情、約炮或固炮（穩定與某位對象發生性關係，沒有情感交流）在年輕人中成為一種趨勢，大眾電影與電視劇不可否認地是背後的一大推手。研究也發現，比起八〇年代末期與九〇年代早期的年輕人，現在這個世代更容易和很好的朋友或還在約會階段的對象發生性關係，而不是在界定清楚的情侶關係中。但在大部分情況下，「速食戀愛文化」的真相和媒體宣傳並不一樣。

許多大規模的調查告訴我們，和過去二十到三十年間的十八到二十五歲年輕人相比，現在這個世代的年輕人從十八歲開始並沒有更換比較多性伴侶，在過去一年之間沒有增加比較多性伴侶，也沒有比較頻繁地發生性關係。事實上，現在的年輕人似乎比長輩在同年紀時更少發生性關係。出生在一九八〇和九〇年代的二十至二十四歲年輕人，有百分之十五的人在滿十八歲後沒有發生過性行為，而出生在一九六〇年代的人，卻只有百分之六。調查也發現，回報自己還是處子之身的高中學生，在一九九一年是百分之四十六，二〇一七年則是百分之六十。我們不完全知道為什麼現在的青少年與年輕人性生活比以前的世代還要保守，但我們的確知道一點：這些數據並不符合現在這一代好像比較開放的感覺。

不幸的是，研究告訴我們，我們的女兒（就像大部分的人一樣）還是會相信新聞標題。當我們邀請十八歲到二十五歲的人來預估，全國十八、十九歲的年輕人有多少人在過去一年中，擁有超過一個性伴侶時，這些人猜測的數字是過半，但實際上只有百分之二十七。此外，請他們預估有多少學生在大學四年中與十個人以上發生過隨興的性行為，從接吻到上床都算，年輕人猜測的數字同樣是過半，但實際上只有百分之二十的人這麼做過。

對於傳統戀愛的擁護者，我還是有些好消息的。一篇針對大學生所做的近期研究發現，百分之六十三的男性與百分之八十三的女性說他們依然傾向傳統的戀愛關係，而不是沒有承諾的肉體關係。另一篇研究也顯示，十八到二十五歲之間的年輕人中，只有百分之十六的人說他們理想中的週末夜包含隨興的性關係；剩下的百分之八十四，說他們喜歡在有認真感情關係的前提下發生性愛，或是乾脆做點別的事。

我們的女兒如果相信和陌生人發生性關係對大學生來說再正常不過，這可不是好事。因此，我們必須讓她們知道，只有相當小眾的一群學生每年會和不只一位伴侶親熱，而大部分的年輕人，不論是男是女，都還是喜歡有意義的交往勝過一夜情。

若真的相信了速食戀愛文化的表象，會讓女兒心理上產生相當不舒服的感覺。那些不想要性愛分離的女孩，也許會擔心不想跟上流行的自己是不是哪裡不對勁（這波流行實際上根本不存在）。另一方面，一些本來對一夜情感到不舒服的女性也許會決定同意邀約，因為她們相信這是潮流。而那些對一夜情感到不舒服的女性是怎麼讓自己決定做完的？很多時候，是靠著酒精的幫助。

酒精的催化

與陌生人發生生理上的親密行為會讓大部分的人感到焦慮，而喝醉酒則是最容易消弭焦慮感的方式之一。所以我們也不需要意外，大部分的一夜情都會包含飲酒。研究一再發現，大學生隨興性行為大多發生在幾杯黃湯下肚之後。而一個大學女生喝越多酒，就越樂意發生隨興的肢體接觸，也越樂意讓事情繼續發展下去。

有趣的是，喝酒對肢體接觸產生的影響，對女性比對男性要大得多。有些年輕女性會透過喝酒來弭平自己對於一夜情的擔憂，有些人有其他源自焦慮的原因。專家指出，有些希望自己的性生活更活躍的女性，在喝了酒之後，就不會那麼在乎文化中的雙重標準。此外，年輕女性也許會覺得，把自己對性的追求怪罪到酒後亂性上，就比較不會被人批判。

酒精與隨意的性行為之間的關係，已經緊密到年輕人甚至不會質疑這兩者的關聯。因此，大人必須幫助女孩思考，為什麼喝酒與一夜情這兩個概念看起來這麼緊密。幾年前，當我和一群九年級女孩進行集體諮商時，我正好有這樣一個機會。我們正在討論派對上常常出現的喝到飽酒類，以及她們必須對喝酒保持警覺的許多原因。在談話的過程中，其中一個女孩敏銳地觀察到這個現象（並用許多十四歲女孩已經學會的成熟口吻說）：「而且，當人們喝多了的時候，會讓同不同意的問題變得更複雜。」

「是的，沒錯。」我說。「但是，我們先退後一步來看。如果你要和某個人展開肢體接觸，你為什麼會想要喝醉呢？」然後，我繼續說：「在我們的人生中，沒有太多事是單純為了好玩才做的。我的清單上面只有少少幾個，第一是看電視、第二是吃冰淇淋，第三就是和喜歡的人親熱呀。」

女孩們知道我要說什麼，所以友善地支持我說下去。

「如果你要和某個人發生肢體接觸，我希望你們完全享受其中。真的，不然就沒有意義了。這樣想吧，如果我要給你一桶冰淇淋，你絕對不會跟我說：『好，我會吃的，但先讓我喝到微醺吧。』對吧？你不會想讓自己的感官變得遲鈍，這在親熱上也是同樣的道理。如果你覺得必須喝醉才能和某個人發生親密關係，那我希望你問問自己現在是什麼狀況。」

雖然我們講得很輕鬆，但女孩們懂我的意思，而在我這麼說的同時，我其實在試著同時達到兩個目標。第一，我真的想鼓勵女孩們花更多時間思考喝酒與親熱之間的界線。第二，我不想錯過任何機會告訴年輕女孩們，她們的戀愛生活應該充滿愉悅。當我們成功傳達這個訊息時，我們就是在幫助女孩擁抱她們的性衝動（而不是感到羞愧）。當女孩覺得她們在戀愛關係中有自主權，她們就不需要酒精的催化來進行生理上的親密行為了。

主流A片的副作用

雖然年輕人的性觀念在近幾年來似乎越來越保守，但其中有一個例外。極普遍的網路讓成人影片廣為流傳，研究發現，在年滿十七歲的青少年中，有百分之九十三的男孩與百分之六十二的女孩接觸過色情片，而他們在看的東西可不是唯美的情色文學。研究色情片與性別關係的學者們這樣指出：「主流商業色情片圍繞著相同性質的腳本，其中包含性暴力與貶低女性的元素。」

數據告訴了我們色情片對親密行為帶來了什麼樣的改變。它降低了真實世界中性行為帶來的歡愉，並促進人們嘗試時常出現在色情片中的行為，例如肛交。一份研究追蹤了大學女性在幾年間的性行為，發現發生肛交的頻率從一九九九年的百分之二十六，跳升到二〇一四年的百分之四十六。在訪問中，這份研究裡的女性把伴侶在看的色情片與他們在床上想做的事畫上了直接的關聯。其中一名研究對象說道：「男性想嘗試肛交，因為那是A片裡常見的動作，也很容易把它視為基本性愛中的一部分，但事實上並不是。」雖然有些女性表示享受肛交，但研究通常會發現，大部分嘗試過的女性都覺得那是負面或疼痛的經驗。

色情片帶來的影響正好表現在一位大一女孩身上，我從她七年級時就認識她了。我初次見到金姆時，她的父母正準備離婚，而她早熟地問他們，她能不能找一位心理醫生聊聊他們離婚的事。我們穩定地會談了幾個月，直到她的家庭生活找到了舒服的新節奏。在那之後，她還是會主動聯繫我，定期和我更新近況，一直到她高中畢業。深秋的某一天，我收到金姆的語音留言，問我她回家過感恩節時能不能和我約一次會談。認識她這麼久了，我當然很想知道她的近況。

我們在我的辦公室裡就座，然後快速進入主題。金姆通常是個能好好照顧自己的年輕女性，但她看起來有些疲憊。她說她對大學生活整體是感到快樂的，她的家庭生活也還不錯。

「那是什麼風把你吹來的呢？」我好奇地問道。

金姆的臉色一沉，突然看起來相當挫敗與羞愧。「我覺得我有酗酒的問題。」

「好。」我溫和地說，希望我聽起來支持她且不帶批判性。我頓了頓，然後問：「可以告訴我你擔心的是什麼嗎？」

「剛開學的時候，我還沒有喝那麼多。有時候我在派對上會喝幾杯啤酒，或是抽個大麻，但沒什麼太扯的事。十月的時候，我認識了一個喜歡的人，所以我開始和他跟他的朋友們出去。他們很愛跑趴。」她說：「我和他們在一起就喝得更多了。我真的很喜歡克里斯，這是那個男生的名字，但我不想表現得太飢渴，所以我週末晚上會和他們一起玩喝酒的派對遊戲。」金姆注意到我困惑的表情，便解釋道：「飢渴是指有些很婊的女生拚命往男生身上倒貼的意思。」

我點點頭，但沒有打岔。金姆則迫不及待繼續說下去。

「和克里斯的朋友們出去玩了幾週之後，後來有一次我在克里斯家過夜，我們有上床，就只是那樣發生了，我不太記得大部分的狀況。我那時候真的喝得太醉，這讓我開始擔心自己喝酒的問題。但我並不後悔我們上床了，我喜歡他，而且我們出去過很多次。」

金姆注意到我略顯擔心的表情。

「我從高中起就有在吃事前避孕藥改善痘痘，所以我不會懷孕。總之，我現在不確定和克里斯是什麼關係。我希望我們更像在交往，但我又不想太小題大作。現在，我晚上等他傳簡訊來說要來我家之前都會喝酒，就只是想要在等的時候不要那麼緊張。」

我終於開口：「你和克里斯的狀況，聽起來像你一直覺得你們很不穩定。這樣敘述公平嗎？」

「嗯，很公平。他是個好人，我也很希望能跟他做些上床以外的事，但我不希望別人覺得我是那種想把男生綁住的女生。」

「你和克里斯在感恩節假期有聯絡嗎？你們在肢體接觸以外的時間會聯絡嗎？」

「呃，在假期開始後，他還沒有找過我。我們最後一次見面的時候，事情有點尷尬。

我們上過幾次床了，但在放假前一晚，他想要嘗試肛交。我知道很多男生都喜歡這個，但我很害怕。」然後，彷彿再自然不過一樣，金姆補充道：「所以我很快把自己喝個爛醉，然後我們就做了。我覺得他應該滿喜歡的，但我可以跟你說，如果我在清醒的狀態，我是不可能讓他做完的。」她頓了頓。「隔天早上我就打給你了。我喝醉的那一波真的嚇壞我了。」

我很高興自己和金姆認識了這麼長的時間，因為我們現在在處理的問題非常敏感。我不希望我對她故事的真實反應把她嚇跑，但我也不想表現得太平淡，導致我好像默許了她描述的這段毀滅性、以性愛為主、摻雜色情片資訊、而且沒有雙方明確同意的關係。

我決定採取一個中庸的說法，小心翼翼地開口：「我不確定你有沒有酗酒的問題，但我的確認為你有另一個你沒有指明的問題。」我將她臉上坦然的表情視為繼續說下去的許可。「我知道你描述的和克里斯的關係並不是非常少見。」金姆點點頭。「但對我而言，那聽起來非常不對等，而且令人焦慮。」

「謝謝你。」她鬆了一口氣地低語。

「就你剛才說的話來判斷，你無法自在表達你想要的，也無法告訴克里斯你不想要什麼。我的感覺是，你是透過喝酒來處理在這段關係裡的緊張感。」

「我覺得是這樣沒錯。」

「還有另一個問題。」我補充道。「你我都知道，克里斯把你喝醉的狀態視為『請繼續』，這樣的行為是不行的。」

金姆同意，然後突兀地問：「所以，我要戒酒一段時間嗎？」

「那絕對沒有壞處呀。這也會給我們一個機會來測試兩件事。第一，如果你能輕鬆停止喝酒，你就沒有酗酒的問題。第二，如果清醒的時候你沒辦法和克里斯相處，那你可能要重新考慮這段關係，或是該繼續往前看了。」

她沉默地坐了一會，然後說：「我知道你說的對，但我不知道要怎麼處理克里斯的事。我不知道要怎麼改變跟他的相處方式，我也還沒辦法放棄他。」

「聽著，」我說。「你現在正掉進一個糟糕的狀況裡，你和克里斯的關係也不健康。我知道你也知道，但有時候，我們都會忘記，我們的感情生活應該要圍繞著我們想要的東西來建立才對。我想我們可以找個辦法往這個方向前進。」

在她回學校前，金姆和我又見了兩次面，然後預約在她學期結束後的寒假再進行會談。當她十二月中再回到我的辦公室時，她看起來又像原本的她了。她直接切入主題。

「所以，」金姆說。「我遵守諾言，沒有再喝酒……時間點也很剛好，因為我們要期末考了……然後我和克里斯的關係就變了。」

「怎麼說？」

「嗯……」她頓了頓。「我們的關係，不管那是什麼，就這樣結束了。我在感恩節假期都沒有聽到他的消息，在我回到學校之後，我決定等著看他會不會主動找我。我在等他的訊息時一直都很焦慮……然後最後他終於傳訊息給我了……」她把一撮頭髮塞到耳後。「但他基本上就只是要約炮而已。」

我點點頭，讓她知道我還在聽。

「他問我要不要過去他家，所以我就去了。我到的時候，克里斯還滿友善的，但後來他幾乎沒有跟我說話，而且當他和朋友們都喝醉了、只有我清醒的時候，跟他們相處真的很無聊。所以過一下子後，我就走了。在那之後他就再也沒有聯繫我，我也不打算主動找他。」

「我覺得你的意思是，你值得更好的。」

「絕對更好。」她心虛地笑了笑。

「對。」我說。「我也這麼想。重點是這個：你的交友關係和戀情都應該讓你過得更好，而不是讓你感到不快樂和焦慮。」

＊

當我們要幫助女兒與異性建立關係時，我們知道自己該做什麼。如果她們被霸凌或騷擾，我們必須教她們為自己發聲，並鼓勵她們關注自己在交往關係中想要的東西，還有尋找那些能用她們值得的溫暖與友善對待她們的男孩，不論是作為朋友或情人。

現在，讓我們把焦點轉向另一個女孩經常感受到壓力與焦慮的原因：學校。不只是因為學校是女兒撞見許多社交衝突的地點，也是因為她們會感受到來自學業的巨大壓力。

女孩與學校

Chapter 5

沒有哪一代的女性在學業表現上比我們的女兒更優秀了。數據顯示，從小學開始直到大學畢業，女孩在所有科目上的表現都優於男孩。在高中裡，進階先修班[3]裡的女孩比男孩多，她們更有機率被選為畢業生致詞代表，也更有機會一畢業就申請上大學。進入大學後，女性的人數比男性多，她們畢業後得到更高學位的比例也比男性更高。

根據女性近幾年在學術表現的突飛猛進來看，我們不該意外女兒比兒子更容易感受到學業壓力。沒有人會想壓抑年輕女性達到的成就，但我們的確該想辦法減緩她們因此感受到的壓力與緊繃感。在本章節裡，我們會透過系統性的角度，來看學術領域加諸在我們女兒身上的各種壓力，並提供一些方法幫助女兒，不要對學校產生這麼強烈的擔憂。

學校就該有壓力

女孩感受到的壓力中，讓我們先從最基礎的學校壓力開始看起：她們都誤解了壓力的本質。我們知道，壓力通常是有建設性的，但我們文化中的大人有時候會不小心以為它無論如何都是有害的，便把這樣的觀念傳承給女兒。事實上，被推出舒適圈通常是件好事，

3 AP Class，是美國高中為成績優異的學生開設的大學先修班。

而學生在學校裡所遇到的壓力大部分都是健康的那種。成長通常都伴隨著一點不適感，我們正是因為這樣才將孩子送去學校，好讓他們受到激勵、產生進步。

健身時的漸進性超負荷最適合拿來比喻學校所帶來的健康壓力。增加肌力最有效的方式就是漸進地增加訓練的重量。「漸進性超負荷」一詞，就是在形容隨著時間增加組數或是啞鈴的重量，好刺激肌肉的成長。

理想上，學校就是一套長時間的學術漸進性超負荷訓練。從孩子踏進校門的第一天開始直至畢業，她的老師應該穩定增加作業的難度。只要她學會了新的課程題材，他們就該給她更具挑戰性的內容。這當然顯而易見，但許多成人和學生同時都忽視了一個事實：變得聰明就像變得強壯一樣，過程通常是不舒服的。

那些覺得壓力絕對不是好東西的女孩會覺得學校帶來更多困擾。她們會對學業上的要求感到擔憂（大部分的時候，這都是正常的），但她們還會擔心自己「感到壓力」這個狀況。後者帶來的心理緊繃感既多餘又沒有幫助。不過，好消息是：研究顯示，我們可以改變女兒看待學校要求的方式。為了研究人們心理看待壓力的方式，研究者將受測者隨機分成兩組。第一組看了幾部影片，告訴他們壓力有益身體健康，能夠增進創意、強化與他人建立關係，並幫助人們在困苦時刻突破困境（通常是以肌肉訓練為例）。第二組看的影片，則細數壓力會如何傷害身體健康、情緒與自我價值，並會讓人們在壓力爆表時裹足不前。

幾週後，當研究員們調查這些受試者時，他們發現第一組的心情和工作表現都有進步。第二組卻沒有這樣的改變。在這樣的結果下，研究員總結，接收對壓力的負面觀點，只會加強大部分的人先入為主的觀念，所以對他們沒有增加實質上的負面影響。同樣地，另一份不同的研究發現，比起認為壓力有害的青少年，那些認為壓力能帶來力量的青少年在面對困難的人生事件時（例如親密好友搬離或是父母離婚），情緒更加穩定。

我們看待壓力的眼光甚至可以改變身心反應。在另一份研究中，一組參與者得知，身體對壓力產生的反應（比如心跳加速）其實會讓自己的表現進步。第二組參與者則被告知，面對令人擔憂的狀況時，最好的方式就是忽視壓力來源。在那之後，兩組參與者們都接上心跳儀，被要求做一件任何人都會感到緊張的事。他們要對一群充滿攻擊性的觀眾進行五分鐘的演說，觀眾全由研究團隊組成，對著演講者皺眉、雙手抱胸、邊聽邊擺臭臉。

就像先前那一份研究一樣，他們發現，接受壓力帶來的好處大有幫助。第一組學著歡迎壓力帶來的生理反應，覺得演講的任務沒有那麼可怕，甚至產生比較平穩的心肺反應，而那群試著忽視壓力來源的人則相反。

當女兒向我們抱怨學校的事時，我們就可以藉由回饋，將這些研究的結果傳達給女兒。在女兒還小的時候，如果她抱怨自己不喜歡某個老師、討厭某個同學或是厭倦某個科目時，我們可以告訴她：「嗯，我懂。學校裡一定有些事你不喜歡，但學會在不完美的狀況下完成目標，是你在學校學習的一大重點呀。」

隨著女兒年紀漸長，我們就可以用更直接的名詞討論教育的漸進式超負荷。我通常會告訴高中女孩們，她們覺得困難的課程是設計來幫助她們增加心理所需的強度與韌性，好讓她們應付畢業後的人生。我也會強調，對很多學生來說，九年級就像是進入重訓室的新生訓練。這是一場相對較溫和的入門課程，介紹接下來大腦訓練的進展。但進入十年級後，我們基本上就是把女孩關在重訓室裡，讓她們上一整套高強度的智力訓練。十年級生通常會上化學課，會要求他們在一個嶄新的領域中運用數學技巧，還得學習一套不熟悉的新規則。而充滿野心的高中生通常會在這一年開始選修先修課程，並負擔大學等級的學業。

十年級高強度的心理鍛鍊使女孩能應付伴隨著十一年級而來的高要求，她們的作業變得更多（通常是因為先修課也變多了），還需要準備並參加大學入學考試。十二年級時，為了達到大學的等級，便將訓練的強度又向上提升了一階，在所有的課業之外，再加入了大學申請流程。當我們這樣看待學校時，我們便會感激它在女兒身上帶來的改變，將我們的女兒從充滿天賦的八年級小馬，訓練成畢業時我們所看見蓄勢待發的賽馬。

用正面的用詞來強調教育的要求可增強能力是非常重要的，因為這麼做確實能改變女兒體驗校園生活的方式。女孩們會從一開始彷彿受盡折磨的樣子，轉而認為這是在加強她們的能力（雖然時常很疲憊）。好消息是，我們有很多方法來達到這個目的。有時，我們可以稱讚女兒的成就，並把這歸功到她們的智能鍛鍊上。有時，我們也能和女兒討論她們的低潮期，讓她們知道，這就像是在練舉重一樣，是她們向上成長必要的過程。

在進行全國高中的巡迴講座時，我很常問高中生們如何排解自己糟糕的一天。我總是能得到形形色色的答案。有些學生選擇倒頭就睡，有些人則會在洗澡時偷偷大哭一場。有些學生會和家裡的狗玩，有些人則會整理房間、重看自己最愛的影集、出去慢跑，或是聽配合各種情緒的音樂清單。

我發現，這些學生都很喜歡分享自己自我修復的策略，而等我們想出了許多例子後，我總會用兩個重點總結我們的會面。首先，自我療癒的方式是非常個人化的。對一個人行得通的策略，對其他人不見得就有效，而每個人都得找出對自己最有效的一套方法。第二，擁有自我療癒的方法是很重要的，因為就像增肌的過程一樣，智能的成長既需要鍛鍊，也需要充電。

長話短說，女孩如何看待學習帶來的心理壓力，會帶來天差地別的影響。認為壓力有害的心態，會認為學校體制是個讓人意志消沉的無限循環，而學校的例行重擔會和放鬆的願望打架。至於認為壓力有益的心態，則將學校視為利大於弊、循序漸進的套裝課程，會週期性地提升要求，並在其中穿插自我療癒的時段。用最直白的方式來說，覺得壓力有益的女孩面對週一早晨的心情，會比認為壓力有害的女孩要好得多。

女孩特別擔心課業

我們得竭盡所能地預備女兒接受學業挑戰的心態，因為比起男孩，女孩更加擔心課業。歷年來的研究都指出，女孩比男孩花更多時間在擔心自己的學業表現，儘管她們的成績已經比男孩好了。為了解釋這個悖論，專家們表示，我們的女兒比兒子更把老師給的回饋放在心上。女孩傾向把分數視為她們能夠達成某事與否的量尺。相反地，男孩們看待學校的態度通常更具信心。就算他們的成績不佳，他們也不會總是把負面評價當作是針對個人，或者是把壞成績歸咎在某個很容易就能彌補的原因上。舉例來說，男孩比女孩更容易在考試考砸時告訴自己「我只是還沒有發揮實力」。

如果想幫助女兒別把學校的表現看得這麼重要，也同時幫助那些真的需要更認真的孩子，我們可以告訴她們，作業或考試的成績只是反映她們對特定教材的吸收程度而已。如果她們希望對這些內容更熟練，可以花更多時間和努力。歷年來的研究都證實，比起把分數視為對自己能力的評價而且再無修正空間的學生，知道自己努力念書或是念得更有效率就會產生進步的學生更不擔心自己在學校的表現。

事情是這樣的。我的兩個女兒剛好都是拼字好手，在小學時總會帶回一張張一百分的拼字測驗考卷。我通常會在整理她們的背包時發現這些考卷，而我最典型的反應便是把那份完美的考卷抽出來，然後說：「哇！好厲害喔！」但有時，我當然也會看見有寫錯的測驗。然後（我得很羞愧地承認），我很確定那份考卷的主人一定看見了我失望的表情。我會越過手中的考卷，看向我的孩子，我的嘴唇會抿起，眉頭也會皺出一條直線。而讓事情變得更糟的是，我有時候甚至會用幾乎聽不出來的氣餒口氣說：「噢！發生什麼事啦？」

這樣的互動不是罪大惡極，但是也絕對不理想。因為女孩還有一個特質：她們的情緒感受度極高。我們不用表現出怒火，甚至也不用說我們很失望，她們就已經知道了。不論我們是不是有意的，她們很容易就感覺到自己讓我們失望了。

同樣地，就算是最有愛心的老師，也有可能不經意地對學生表現出失望。想像一位勤奮的女學生向老師要求延長作業的繳交期限，因為她過去三天下午都在醫院陪伴自己生病的奶奶。就算真的讓她遲交，老師只要在開口前稍微遲疑一下，聲音只要有一點點緊繃：「嗯，好吧……那你還需要多少時間？」女孩就會希望自己一開始連問都沒問。

身為大人的我們為什麼會這麼做呢？我認真相信，我們並不是有意要用被動攻擊式的罪惡感當作武器，攻擊我的孩子，但我同時卻又表現得比我想像得更刻薄。而我知道，對很多老師來說，他們也會如此。一個女孩不完美的考試成果或想遲交報告的要求，會像要求在大人身上增加額外的工作量，或是好像得改動老師評分的時間表。在某方面而言，大部分家長和老師都知道，最細微的訊號——一個臉部表情或是回應中最簡短的一點猶豫，都可以讓女孩乖乖聽話，不要在我們已經夠忙的任務中再多添一筆。

雖然這些互動都看似微不足道，但它們帶來的影響可不是。這種太常見的互動模式會讓女孩害怕讓大人失望，才努力在學校表現優異。我很想幫助女孩找到努力念書的動機，但這不是我期望的方式之一。

當然，並非每個女孩都是因為家長或老師給她的評價而對學校感到焦慮。有些家長非常支持他們的女兒，但這些女孩仍對自己的學業表現抱著比天還高的期待。就連那些等到國中才開始為學生打分數的學校，也都發現有些三年級的小女孩會焦慮地把作業上的每一個笑臉標記或星星記號視為對應的分數評等。

不論她們的焦慮是從何而來，女孩對學業的動機都不該是恐懼。焦慮驅使的學習會製造明顯的情緒困擾，將學校變成一種慢性長期壓力來源。這也會製造一個很大的實際問題：當焦慮感太重時，女孩通常會變成非常沒有效率的學生。為什麼？因為太擔心自己學業表現的女孩，通常會發現讀書能舒緩她們的焦慮。女孩越緊張就會越拚。這意味著，在六年級時，她會準備五十張單字小卡為考試做準備，但事實上也許二十張就夠了。八年級時，她也許會進行一個撫平學業焦慮的夜晚儀式，就是用不同顏色的筆重新把上課所做的筆記全部重寫一次。在很極端的狀況下，有些女孩會認為，只有在她們的表現達到「完美」時，她們才能放鬆。

這種過度勤奮的學習方式最糟糕的部分就是，它們通常幾乎都行得通。借用專家的用詞，多虧她們「盲目地過度準備」，這些緊張兮兮的學生通常成績都很優異。從旁觀的角度來說，這些因恐懼而努力讀書、效率非常低落的學習策略，有三個增強的效果：大量的準備幫助女孩撫平學習焦慮，並不斷產生優異的結果，讓女孩感到自豪，也為她們爭取到老師與家長的稱讚。對那些以恐懼作為動機的學生而言，這個系統非常有效，直到它的平衡被破壞為止。

羅倫女子學校一位開朗的十年級學生娜塔麗一直是個非常強韌的學生，但有一天，她寫了一封電子郵件，希望能和我預約會談。在她的訊息裡，她希望能和我聊聊，因為她每天都處於淚崩邊緣，但她不知道原因。我們對了一下時間，很快就敲定了會談的時機，在我的樓梯間辦公室會面。見到她的那一刻，我就知道有些事不太對勁。娜塔麗通常是個光芒四射的孩子，但那天，她的光芒似乎消失了。

「發生什麼事啦？」我問，一點也不打算掩飾我的擔心。

「我也不知道。」娜塔麗哀傷地說。「這也是問題之一。」她的眼中充滿了淚水。

「你看，我莫名其妙就開始哭了。」

「沒關係。」我向她保證。「我們會找出原因的。」

娜塔麗一邊用手背擦掉眼淚，一邊點了點頭。我在學生觸手可及的位置上擺了一盒面紙，但我發現，女孩們通常會避免取用。好像需要用到面紙，就代表她們真的完全無法控制情緒了。

娜塔麗雙腿交疊，朝我靠了過來。我問了她一些問題，想看看造成這種脆弱感的常見原因是否符合她的狀況，但卻沒有什麼發現。她的交友狀況正常，家庭生活和學校生活也是。娜塔麗很期待春假時去加州拜訪表親，她也計畫在暑假時去參加她最喜歡的夏令營。我檢查了她的憂鬱量表，但再一次發現我又找錯方向了，因為她除了想哭之外，沒有其他異狀。最後，我決定回歸一個我在剛開始受訓時學到的，當我們找不出當事人的問題時，就問她們這個問題：「可以告訴我你在平常的日子裡都做些什麼嗎？」

一開始，一切聽起來都很正常。娜塔麗早上六點半左右起床，準備上學，照著學校課表上課，然後搭公車回家。然後她說：「我大概都晚上六點開始寫作業，直到半夜一點或一點半。」

我反射性地插嘴了：「等等……你說什麼？」

「沒錯啊。」娜塔麗說。「我有時候十二點左右就可以結束了，但通常沒辦法。」

羅倫女子學校的課程是滿繁重的，但娜塔麗居然需要每天都熬到這麼晚，這實在不合理。所以我問她有哪些課，每一堂課又有多少作業。然後，問題就突然浮現了。

「嗯，我不是每天都有這麼多作業。但我覺得如果我在這個科目上花了一段時間，我在其他科目上也要花一樣多的時間才行。」

「等等。」我不可思議地說。「你是說，你每天都花一兩個小時在唸每一科——就算沒有作業或考試的時候也一樣嗎？」

「對呀。」娜塔麗暴躁解釋道。「我一直都是這樣做的。如果我沒有那一科的作業，或是要準備那一科的考試，我就會用那個時間來重讀我的筆記，或是幫下一次的考試準備一份讀書指南。」

「懂了。」我同情地說。「但你是在告訴我，你一個晚上只睡五個小時。難怪你會想哭，你描述的日常規劃會讓任何人都覺得撐不住。」

「也是。」她現在用比較溫柔的態度在看待自己了。「但我該怎麼做呢？」

「我們得重新規劃你的讀書策略。我毫不懷疑你可以學到所有該學的東西，也可以保持你現在的成績，但你可以少做很多工作。」

娜塔麗的臉上閃過一絲懷疑的表情，但眼神裡閃爍著希望。

停止消耗戰，一擊必殺！

我見過娜塔麗的父母，知道他們都是好人。雖然他們在各自的領域都非常成功，但我並不認為他們對自己的女兒有過高的期待，或對她的學業表現展現明顯的失望。我的直覺是，她的父母並不知道她熬夜到多晚，或是不知道她的讀書方法。雖然這個方法在國中時行得通，但在高中卻過量了。儘管娜塔麗過度的準備工作讓她得到令人驚豔的成績，但這套方法顯然需要改變。

我擔心的是，娜塔麗已經念到十年級了。要讓學業成功的女孩放棄現有的讀書方式並不容易，就算負擔太重也一樣，因為她們已經習慣這樣做帶來的好成績。娜塔麗知道自己需要更多睡眠，但很不願意放棄她熟悉的念書方法。幸好她願意做一點妥協。娜塔麗的英文課成績近乎滿分，她也知道寫作對她來說輕而易舉，所以她同意不再花額外的時間在這個科目上。一週後，我們再次會面，聽她報告近況。

「稍微放下英文沒什麼大問題。」她說。「我覺得老師應該沒有發現我換了個讀書方式。」

「那很好啊。」我回答。「你現在有睡比較多了嗎？」

「有多一點……但可能還是不夠。」她在座位上換了個姿勢。「不過是比之前好很多了。」

儘管娜塔麗照著我的建議減少念書的時間，但我知道這麼做讓她感到很不安，也擔心我會鼓勵她把對付英文的方式延伸到其他科目上……這當然是我的目標。但我認為，以我的立場，強硬要求她這麼做只會換來她的反抗。所以我決定賭一把。

「你有個哥哥對吧？」我想起幾年前某一天外出吃飯時遇過她的家人。

「對，他現在在霍肯高中念十二年級。」她說的是我們社區裡一間男女合校的私立高中。

「他的念書習慣跟你一樣嗎？」

「喔，天啊，當然沒有！」這個問題似乎可笑得讓她差點笑出來。「我是說，他的成績很好啦，但他的課外活動滿多的，而且晚上還很愛打電動。」

「所以他的好成績是怎麼來的？」我問。

「老實說，我覺得他是找到達到理想成績需要的最低限度努力，所以他就只做到那個程度。」她用有點鄙視的口吻說：「以前他也搞砸過幾次——他可能會做不完作業，或是以為他已經準備好考試了，但其實還沒。我記得他有因為這樣被罵過。」她頓了頓，然後口氣中出現一絲敬佩。「但好像已經好一陣子沒有了。」

我用故弄玄虛的口氣回答道：「我覺得你哥也許正中紅心喔。」

＊

研究顯示，女孩比較會有紀律地完成學校的課業，這也是為什麼她們的成績通常比較好。許多家裡有兒子也有女兒的父母確實觀察到類似娜塔麗家這樣的模式。他們的兒子對學校比較得過且過，女兒則在每一個科目上都兢兢業業。值得一提的是，大人們很少去質疑這種傾向。我們接受男孩用計算過的努力應付學業，他們會用足以打發大人的最小努力值完成作業。而我們同樣接受女孩不僅僅做份內的事，有時甚至會超出我們的預期。這兩種模式都是有問題的。男孩在學校的表現不如他們能力真正可及的水準，而女孩則時常因為一絲不苟且沒有效率的作法，為自己的學習生活平添許多壓力。

在學業這方面，我們必須幫助女兒變得更像兒子，反之亦然。

＊

我對娜塔麗說：「我知道大人很常用負面的形容詞來描述你哥哥這樣的讀書態度。」她點點頭，告訴我她懂我在說什麼。「我們說他們僥倖或是不夠努力。但事實是，我聽起來，反而覺得你哥找到了讓讀書變得很有策略的方法。」

就像我先前提過的，要說服認真的女孩改變念書方法並不容易。有很長一段時間，我一直建議像娜塔麗這樣的女孩「放輕鬆一點」、「別逼那麼緊」、或是「別對自己這麼嚴格」。但這些談話通常沒有達到預期的效果。事實上，我通常會感覺到，這些和我談話的女孩覺得被我的建議冒犯了。大部分的女孩都太乖，不會直接點出大人的胡說八道，但如果我會讀心術，我想在聽我說這些話的女孩心裡想的都是：「你在開玩笑嗎？我一直都是用這麼有紀律的方式在念書啊，而且我的成績還很好，現在你居然說我做的事是錯的？」

後來某一次，我誤打誤撞地說出「策略」一詞之後，事情就改善了。這是女孩想聽到的話：她們可以保持成績優異，又能提高效率。聽著娜塔麗不帶自我防衛的回覆，我知道這個詞的使用奏效了。

「對。」娜塔麗說。「我哥不像我這麼擔心成績……但他分數其實跟我差不多。」

「你在學校的基礎很好。」我用佩服的口吻說著。「你的工作態度很優秀，你也深受學校老師的尊重。我想你的下一步，是讓自己得到理想成績的效率提升起來。我們現在用在英文這一科的效果不錯，我覺得這對你其他科目也會有幫助。」娜塔麗沒有誠心同意，但她也沒有拒絕。

高效節能的讀書法

輔導了許多像娜塔麗這樣的年輕女孩多年之後，這些經驗使我教育自己孩子的方式也改變了。最重要的是，我很高興自己沒有等到她們上了高中之後，才來告訴她們應該成為學業上的策略家。我看過太多拚了命在念書的學生，國中畢業之後，便認為她們在高中也要隨時用同樣的程度對待所有科目。她們也許有辦法在一開始獲得還不錯的成果，但如果她們只有這一種方法來對付學校課業，那麼她們最晚在十一年級時，就會發現自己透支了。

用更實際的一點的說法就是，我們該如何教導女孩用高效節能的方式讀書呢？第一步，我們應該和還在讀國中的女兒們討論她們心目中的理想成績。如果女兒對自己的成績還算滿意，那麼學校就不太會是她壓力與焦慮感的來源。在這個情況下，你也許就需要和她談談，你希望她投入多少努力。但如果你的女兒想也不想就告訴你：「我想要每一科都滿分。」那你就有些工作要做了。

首先，你應該先告訴女兒：「嗯，我當然也希望你的成績都很好。但我想先告訴你一件事。我不期待你可以公平地在乎每一個科目，就算你每一科的成績都很棒也一樣。」這句話說起來也許很奇怪，但從我的經驗中，我發現女孩很容易把「全心全意地念書」和「全心全意地準備每一科」這兩個概念混為一談。

當然，有些女孩是真的熱愛學校的一切，但這類的學生非常罕見。大部分的學生都有自己喜歡的課還有覺得還好的課。不幸的是，我認識的一些女孩會認為「好學生」應該要同樣熱愛每一科，並因為自己無法對所有作業都感到愉快而自責不已。等化解這個沒有幫助的誤解之後，你就可以和女兒聊聊要怎麼有策略地分配念書的力氣。

你可以說：「如果是你喜歡的科目，你應該很容易專心念書。如果你有時間把精力都花在那一科上面，那就念吧！但如果是那些你不怎麼喜歡的科目，或是你沒有時間的時候，你就要想想花多少時間可以學會那堂課的內容，或是達到你的理想成績。然後這樣就夠了。」

雖然我一直表示要幫助女孩在上高中前就接受「達標即可」的觀念，但我在自己家要做到這點也真不容易。當我的大女兒八年級時，數學課讓她花了大把時間。她是個非常勤勉的學生，到了那一年的三月，我看出她的壓力等級正在逐漸攀升，因為她試著在所有科目上維持先前的好表現，卻又要花大把時間在數學上。於是我知道該怎麼辦了。

「所以，」我一邊收著晚餐餐桌，一邊問道。「你現在的社會成績怎麼樣？」

女兒坐在餐桌旁，回答：「我想應該有九十八分吧。」

「我也這麼想。」我把盤子放進洗碗機裡，然後開始刷鍋子。「從現在開始，如果你所有的社會作業都拿八十分，你覺得你的總成績還能維持在九十分嗎？」

「應該吧。」

「那我覺得，你應該開始減少讀社會的時間。」我告訴她：「把精力留給數學吧。」

「但如果在學期結束的時候，我社會拿了九十分，但我的操行拿的不是『優』，而是『甲』，怎麼辦？」

幸好我現在是面對著水槽，而不是女兒，因為我得用盡全身力氣，才能抵抗我自己的好學生死要成績的衝動，並用充滿信心的口吻說：「如果這樣能讓你把該學的學好，那也沒關係。」

她又挑戰了我一次。

「如果我猜錯了呢？如果我在社會科放鬆，結果最後搞砸了呢？」

我緊緊握住手中的鍋子，強迫自己用實事求是的口氣回答：「國中就是這樣啊。現在的風險和以後比還不算太高，所以你現在才有機會摸索什麼時候可以減少讀書的時間，什麼時候又該全力投入。不如把這次當作一個實驗，試試看再說。」

我也試著把以前我可能會面露失望的時刻，當作和女兒討論分配念書力氣的契機。當我發現小女兒的背包裡放著沒那麼完美的考卷時，我會盡可能用輕鬆的口氣說：「嗯，這些字很難拼呢！你現在記起來了嗎？還是你需要我或爸爸幫你？」如果她對成績感到抱歉，我就會很快地指出，這個分數只是告訴她還有什麼地方要努力、什麼地方已經夠好了。「你考試的目的就是幫助你找出念書的方向。」我會這麼說。

理想上，學校和老師也會做到這一點。回想一下前面提過的那個想遲交報告的女孩，以下是我希望她的老師能給的回應：

「你在我的班上表現非常優秀，所以我會很有彈性。如果你想把這份報告寫完，你隨時寫好都可以交。但我知道你已經讀過這本書、也有讀懂了，所以如果你希望我直接用你下一份報告的分數乘以兩倍來補這一次的成績，你就跳過這一份吧。現在你似乎應該把時間留給奶奶。」這個回應也許有點像癡人說夢，也不是每個老師對學生的要求都能有這樣的彈性，但身為老師，他們其實還有很多方法可以保護女孩過度投入學校課業。

舉例來說，想像一下以下的場景：一個女孩有時候會在已經拿了九十幾分的科目上，多做更多加分作業。在我的理想世界裡，老師會努力去了解這是怎麼一回事。是因為這個女孩太愛這一科了，所以想盡可能地多學一些？還是（更有可能是），她很怕自己沒有把加分題做完，老師就會對她感到失望？除非女孩親口說她就是愛死了這堂課，否則，老師應該告訴她：「聽著，從你的成績來判斷，你的總分不可能低於八十的。所以我覺得你應該把做加分作業的時間省下來，去玩、去發展別的興趣，或者去睡覺。」

幫助女孩建立能力與自信

我知道我現在提出來的方法和我們以往的認知差了十萬八千里，但這是有原因的。當我們一直容許女兒不斷過度耗能，她們會對自己的工作態度發展出極高的信心，卻對自己的天賦信心全失。在女孩畢業前，她們應該在這兩方面都對自己有一定程度的肯定。

對自己不夠肯定很可能為女兒帶來非常真實且非常負面的後果，尤其是在脫離校園、進入職場之後。記者凱蒂．凱伊和克萊爾．史普曼在調查為何女性並不能在職場上達到應有的高度時，發現展露自信就和表現出能力一樣重要。她們描述大多由男性占據高層角色的工作環境，就和我們描述男孩與女孩在學校的典型表現一樣：「不夠格或者準備不足的男性並不會羞於爭取職位，但能力與準備都遠超於職位要求的女性卻還是裹足不前。女人只在自己達到完美或近乎完美時才會有自信。」

從這個角度來看，學校對於男孩來說就是個信心製造工廠。當男孩們搞砸考試時，通常不覺得這些失敗是自己的問題；而當他們考高分時，又對自己的成就感到驕傲，不論那是不是他們努力得來的。表現優異的時候，尤其是當他們有稍微投入或稍微努力時，男孩會覺得自己的本質就是有能力的，並讓他們覺得，如果他們真的下定決心，就能達到自己預期的表現。

努力不懈又有完美主義的女孩，在學校獲得的也許是完全相反的經驗。她們永遠不知道自己在不努力的狀況下能做到什麼，因為她們從來沒有不努力過！就算她們拿下一次接一次勝利，女孩也許會把這些成就歸功於她們唯一知道的原因，那就是她們不可思議的自我約束力與願意過度準備的決心。這個吃力的方式可以幫助女孩在學校成功，但如果繼續下去，可能就會傷害她們。凱伊和史普曼表示，當惠普電腦公司檢視為什麼管理層裡的女性這麼少時，他們發現，公司裡的女性只有在覺得自己能百分之百勝任這份工作時，才會申請競爭。相反的，男性則是在只有百分之六十符合職位需求時，就會願意一試。

當然，也有很多能力低落但信心爆棚的男性，但他們並不是我們要學習的榜樣。我們應該看的是像娜塔麗的哥哥這樣的男性，他們在求學階段就找出自己什麼時候該努力、什麼時候又可以依賴天賦。當他們進入職場時，便會充滿自信，因為他們確實花了好幾年測試自己與生俱來的能力，並不斷估算需要花多少力氣才會成功。我們的女兒在進入職場之前也必須有同樣的前置作業。她們需要知道何時得投入百分之百的工作態度，何時又可以靠自己的才智過關。我們需要幫助女兒建立真正的技能，讓她們知道要在必要的時候努力，同時相信天賦能幫助她們度過難關。

對抗考試焦慮

考試焦慮並不是焦慮症或恐慌症這種臨床證實的疾病。這個詞意指女孩在測驗前感到緊張的狀態，而這的確可能影響她們的學業表現。女孩通常可以透過調整準備考試的方法來舒緩考試焦慮。我們的女兒有時對於考試的準備沒有太多的主導權，尤其是在面對頻繁的正式考試時；這些考試讓人緊繃又耗時，而且大多時候不在學生的掌控之中。但當女兒有權決定怎麼讀書時，她們通常會重看自己的課堂筆記、重讀課本，並用螢光筆畫重點。大多時候，這些方法都是浪費時間。大規模的文獻研究的確證實，學生最喜歡使用的學習技巧幾乎都是最沒有效率的方式。

所以，什麼方法才有效呢？

就是分散練習和參考試題。換句話說，女孩不該把大量的讀書時間擠在一起，並且應該尋找積極的方式和考試範圍的內容做連結，像是出考題考自己，而不只是被動地一直讀而已。不要等到女兒已經對螢光筆產生不正常的依戀後才來擔心。我要再說一次：女孩不喜歡放棄看似有效的學習策略。

快到考試的日期時，鼓勵女兒提早幾天開始準備，並用一份參考試題開始準備的過程。她的課本後面可能會有模擬題，網路上也會有，或者她可以自己出一份。如果她輕鬆作答，就可以增加自信，她就可以改做其他功課，或是休息放鬆。但更常見的狀況是她沒辦法答出每一題，那這份模擬題就可以幫助她找到範圍內需要再加強的部分。然後就換分散練習登場了。隔天（如果她有時間的話，也可以再隔幾天），她應該再做另一份模擬題，看看她需要讀的地方有哪些。

總的來說，當學生接觸、遠離再重新接觸一份教材時，學習效果會最好。如果他們已經試著寫過同樣範圍的模擬考題，他們在寫真正的考卷時就不會那麼焦慮了。學習困難的新內容時，讀懂內文和解出困難題目之間還有一段鴻溝，所以如果女孩只有複習上課內容、沒有試寫題目，她們通常會感到很焦慮。為了和羅倫女子學校的女孩表達這件事，我有時會開玩笑地說，如果學校要考她們怎麼讀筆記和畫重點，我才會希望她們在準備考試時做這幾件事。但在那之前，我希望她們在考試前先練習正式考試時可能會碰到的考題。

當你和女兒談到模擬考題練習時，你也許可以告訴她，我們永遠不會要求她剛背完台詞就直接上場首演、連彩排都沒有。我們也永遠不會要求她在學會基本運動技巧後就立刻上場打一場重要比賽、連練習的時間都不給她。簡而言之，我們希望女兒能學會新知，在練習階段測試自己的學習效果，然後才讓她們把所學運用在重要關頭。

不適當的準備方式是為女孩帶來考試焦慮的原因之一，還有一個原因，則是懷疑別人認為你做不到。看著自己的女兒在學校全神貫注地學習，你也許會好奇為什麼會有人認為她們沒辦法應付學業上出現的難題。很不幸也很驚人的是，研究顯示，直到今日，在數學與自然科學的課堂裡，大多數人仍對女孩與年輕女性抱著偏見與抗拒。

高中微積分的課堂裡，女孩的人數佔了一半[4]，在自然科學先修班裡，她們的人數也超過男孩。她們在數學與自然科學課程裡的成績從國小到大學畢業為止，通常都高於男性。但在過去幾年發表出版的研究裡，我們仍然發現，有些高中老師還是認為數學對男孩來說比對女孩簡單，就算那些女孩都考出和男孩同等的成績。在大專院校裡，生物課程裡的學生有百分之六十是女性，但這些課程的男性都錯誤地預設這些女性同學的成績不如他們。

在另一份近期的研究中，研究者要求大學科學系所的教授們評估一份應徵研究室管理的申請文件。這份申請文件是由研究團隊捏造的，不過名義上是來自於一位科學系的學生。他們要求教授們為申請者的能力打分數，評估他們給學生這份工作的機會，開出他們願意給的起薪，並預估他們願意提供這位學生多少職業引導。根據經典的研究設計，一半的教授們收到的申請表是來自於一位名為約翰的學生，另一半的教授則收到一份一模一樣的申請表，學生名字叫做珍妮佛。

4 在美國學制中，一些難度較高的課程都是選修課程，例如微積分，必須先完成基礎課程才能選修。

我希望你現在坐穩了。

這些科學相關的教授比較願意將「約翰」評為能力好，說他們願意雇用他，願意給他比「珍妮佛」更高的薪資，也願意當他的職業生涯導師。就連生物學的教授都對「珍妮佛」有偏見，儘管事實如我們所知，他們的學生中以女性佔多數。也許更值得一提的是，女性教授和男性教授一樣，比較獨厚「約翰」。事實是，不管女孩或年輕女性在傳統的男性領域表現得再出色，大部分的講師仍然繼續看不起她們，甚至是和她們坐在同一個教室中的男同學。

我還有更多壞消息。在學校被歧視真的會提升焦慮感並壓低考試成績。長年的研究告訴我們，女孩和年輕女性有時候會擔心，她們的考試成績會加強那些認為女性在數學與科學領域不如男性的迷思。就如我們猜測的，「擔心」這個行為本身就會佔據我們的大腦並危及學業表現。女孩在傳統的男性領域裡對抗沙文主義，身為少數族群的女孩還要應付那些質疑她們智能的種族刻板印象，這也可能降低她們在任何學科上的表現。簡而言之，任何課堂裡的偏見對學業表現都有實質的影響。

但現在，終於有些好消息了。我們可以幫助女兒遠離歧視的影響，讓她們知道，不論她們本身認不認同這些負面的刻板印象，成為被歧視的對象都會讓她們緊張。表面上，和女孩討論她們面對的偏見似乎只會讓情況惡化，但這麼做其實會保護她們的考試成績。當女孩和弱勢族群意識到別人對他們的期望很低，卻不知道這些會導致考試焦慮時，他們就會想用別的方式解釋這股焦慮的來源。不幸的是，女孩通常會認為自己的緊張是源於不懂課程內容，或是因為考試比她們想像的還要難。一但這些念頭在女孩腦中生根，她們的成績就會開始下滑。

如果你懷疑女兒覺得要為自己的成績負責，實際上她卻是性別或種族歧視的受害者，你可以找個時間跟她說：「我知道你真的很想做好，不只是為了自己，也是為了不要讓別人看扁你。如果這能激勵你，那當然很好，但這也會為你製造額外的壓力。如果你覺得緊張，不要因為擔心別人的眼光而阻止你表現自己。」最後，如果你害怕女兒真的相信男孩在數學與科學領域優於女性的刻板印象，就把這些堆積如山的反證告訴她。用真實且正面的證據取代不實的負面刻板印象，也能減低考試焦慮，並維護考試的結果。

不是每個女孩都吃學校那一套

那些能透過努力得到適當成績的學生都已經覺得學校的壓力夠大了，對大腦天生就無法透過學校教學而學習的女孩來說，這樣的學業壓力只會讓她們感到悲慘至極。我們女兒的生活幾乎是圍繞著學業打轉，如果她們的閱讀、寫作或數學能力沒有辦法用和同學一樣的速度發展，她們自己很快就會注意到了。

有些女孩的學習或注意力失調症沒有被診斷出來，她們通常會在所有的科目上花費同樣的精力，然後發現成效似乎不彰。因此，她們會花很多時間擔心自己讓父母和老師失望了，或是擔心自己的障礙會「被發現」。這些恐懼便可以解釋，為什麼我們會發現越來越多有學習障礙與注意力失調的女孩同時患有焦慮症。同樣的，緊張的感覺會影響思考，這使那些無法以傳統方式學習的女孩原本就已經很艱困的學業處境變得更加困難。

一旦診斷出學習障礙或注意力失調，我們就能幫助這些女孩對付在學校感到喘不過氣的不適感。不幸的是，我們很容易忽略或太慢才發現女孩身上表現的學習困難。一份針對小學二、三年級學生所做的研究發現，男孩和女孩擁有閱讀障礙的機率是相同的，但男生更容易被老師發現，也更常得到協助。當男孩在學校感到挫敗時，他們通常會打斷課程、引起他人的注意。相反地，女孩則傾向靜靜地感到不安，並試著遮掩她們的理解斷層。

在很類似的情況下，我們很容易忽略發生在女孩身上的注意力缺乏症（過動症），一部分也是因為她們更容易表現得像漠不關心，而不是過度有活力或有強迫行為。我看過非常乖巧的女孩一路念到十一年級後才被診斷出注意力的問題。她們沒有得到應得的幫助，直到她們因為比別人付出兩倍的努力才有辦法學到其他同學在課堂上就理解的東西，進而崩潰後，才被人發現。當一個女孩時常為成績感到痛苦、一直迴避某堂課的作業，或是付出太多努力才有辦法跟上進度，我們必須確認她是否有學習障礙或注意力問題，才能進行下一步。家長應該和老師分享對女兒的觀察，並安排診斷測驗，好找出背後真正的原因。

有學習或注意力失調症的女孩應該獲得輔導、調整教室或藥物輔助。但是，並不是所有的學校或家庭都有這些重要的資源，就算有，這些幫助也無法去除確診後出現的情緒挑戰。為了幫助她們接受自己與同儕的不同，以及在學校捍衛自己，就算是在最包容、最友善的學習環境裡，這些女孩仍然需要來自大人的幫助。

應付一天的三十小時

有些女孩因為效率低落而承受不了課業。有些女孩則不適合傳統的學校教學方式，因此掙扎不已。還有一種女孩感到被壓垮，因為她們在上的學術課程對最有效率、智商最高的學生來說，還是會把她們逼到極限。對於最後一種情況，亞德麗安就是一個例子。

我在亞德麗安就讀十一年級時的二月下旬認識她。在她第三次跑出教室、舒緩自己的恐慌症發作後，學校的諮商師把我的名字告訴了她母親。亞德麗安的媽媽透過電話聯絡我，她告訴我她女兒是個優秀的學生，也是個很棒的女孩，用她的話來形容，是「孜孜不倦、極度努力」。她說這個十七歲的女孩很想解決恐慌症的問題，也可以自己來參加會談，所以我們達成協議，讓她女兒來進行幾次會談。在那之後，她的單親媽媽會來加入我們一次。

幾天後，我和亞德麗安一起坐在辦公室裡，她是個留著黑色長髮，面孔圓潤且甜美的女孩。她開始描述在學校裡一波波襲擊她的恐慌感，她聲音中的緊繃讓她聽起來像個飽經風霜的大人，而不是青春洋溢的高中少女。

我問她希望我幫她什麼忙，她便急切地解釋道：「我得擺脫恐慌症。有時候我前一秒還好好的，下一秒就覺得天旋地轉，滿頭大汗，感覺我快吐了。」

「這個狀況持續多久了？」

「第一次發生的時候是期末考，在寒假之前。我上網找了恐慌症發作的資料，我知道我絕對是發作了。直到一月開學後，我才又發作第二次。我後來應該又發作了第三次或第四次——而且感覺發作的頻率越來越高了。」她一邊下意識地玩著外套的拉鍊，一邊補充道：「有時候我可以坐在教室裡讓它過去，但最近我覺得如果不離開教室，那個感覺就不會消失。」

我要亞德麗安描述一下她的焦慮感，她的症狀聽起來就像典型的焦慮症。我問了她的家庭生活、交友狀況還有她的休閒娛樂。她說她有一個哥哥，和她就讀同一個高中，正在唸十二年級。「我們處得還不錯吧，我猜。身為一家人，我們感情還滿緊密的，畢竟就只有我們三個人而已。我也有很好的朋友。」她說，表情看起來稍微放鬆了一點。「但我在學校以外的時間也見不到她們。」在她補充說明時，重擔又回到了她的肩頭。「我們都沒時間。」

「什麼意思？」我驚訝地問。她的意思像是，雖然她才十七歲，卻沒辦法擠出社交的時間。

「嗯，今年對升大學來說是很重要的一年，每個人都說過十一年級有多可怕，但我一開始真的沒想到。」她沮喪地繼續說。「但我想要去唸史丹佛大學，所以你知道的……讀書的量真的很大。」

「可以告訴我你的時間規劃嗎？」

亞德麗安告訴我她的課表，她同時有好幾堂先修課程，還有資優物理，她也是學校演講與辯論隊的成員。「現在我們正在準備參加州際資格賽。我負責國際即席演講。」她說的是一場比賽，學生只有三十分鐘的時間，必須根據最近的國際事件準備一篇七分鐘的即席演說。「我們每天放學之後會練習幾個小時，我平常也會自己找新聞來準備。」

「聽起來負荷量蠻大的。」我同情地說。「我不知道你要怎麼樣把這些事都擠進一天二十四小時裡。」

「我知道。」她沉重地說。「很可怕。」

亞德麗安說，她的課讓她每天至少要花六小時寫作業。「喔，而且我現在也在準備大學入學考了。一個星期大約幾小時吧，我也會寫模擬考題，但感覺好像永遠寫不完。」

亞德麗安用實事求是的口吻繼續說著清單上的其他事項，我卻只覺得腸胃一陣糾結。「我想當醫生，所以我一週裡有一個下午會在克里夫蘭醫學中心的實驗室裡工作。我暑假的時候就是全職上班，但我知道我必須對課外活動很認真，所以我在學期間也繼續上班，除了田徑比賽的賽期之外。」

「田徑隊？」我問。她看得出來，我不懂她要怎麼把運動時間也塞進現在的行程表裡。

「對呀。」她緊張地撥弄著外套的拉鍊。「在演講比賽結束後幾天就開始了。」她指的是全年最後一場演說比賽。

「所以你是說，在演講和辯論比賽結束之後，你也不會休息囉？」

「不會。」她邊說邊閉上眼睛，像是澈底被打敗了。

由於這只是第一次會談，我希望亞德麗安之後願意繼續回來我這裡，所以我試著讓氣氛輕鬆一點。我充滿希望地問：「那在週末呢……你會有時間休息嗎？」

亞德麗安對我的無知非常有耐心，又一次回答道：「沒有呀。我們就是在週末比賽，整個週六都在參賽……我早上六點半出門，通常都晚餐左右才回家。」

「對喔！」我很快地回答，對於自己忘記每週耗時的演說比賽感到有些慚愧。然後我小心翼翼地問：「那週日呢——你有時間放假一下嗎？」

她悶悶不樂地說：「大多時候，我都是拿來補我星期六沒時間做的事。」

亞德麗安的時間表讓我完全找不到在對話中提出建議的空間，因此，我試著使用通常對青少年來說很有效的方式：完全保持誠實。「光是聽你的行事曆，」我憐憫地說。「我就覺得我都要有恐慌症了。我真的不知道你是怎麼辦到的。」

亞德麗安很感激，也接受我對她的擔心。雖然我很想問她是否真的需要靠這麼吃力的行程進入她想去的大學，但我已經知道答案了。對於某些特定的大學，入學門檻在過去二十年有了戲劇性的變化。現在，像亞德麗安這樣修了這麼多課、兼了這麼多課外活動、學科全部滿分、有閃閃發亮的推薦信、入學考試又超高分的的學生，申請某些競爭很激烈的頂尖大學，還是有可能一間都沒錄取。

「聽著，」我說，身體在座位中稍微向前傾。「你全心投入高中生活很棒，我也知道你如果想進史丹佛或那個等級的其他學校，這些都是你必須做的。我只是覺得很遺憾，現在入學申請的過程變得這麼不合理。」

「我也覺得。有時候我都在想，我是不是應該放輕鬆點，不要那麼擔心自己最後上哪個大學。」她陰鬱地說道。「但我已經努力了這麼久，現在放棄我覺得太蠢了。」

「我懂。老實說，聽了你說的這些，我一點都不意外你會恐慌症發作。我相信在申請階段最困難的部分結束後，發作的狀況就會減輕很多。不過現在，我可以教你怎麼快速控制住發作的狀況，這樣你就不用跑出教室。如果這個方法沒效，或是緩解得不夠快，我們也有其他選項可以嘗試。」

雖然亞德麗安的行程表已經很緊繃了，但我甚至聽過更超過的。有些女孩必須兼差，或是照顧年幼的弟妹，同時還兼顧像亞德麗安這麼令人疲乏的義務。我從來沒有立場告訴女孩她們在放學後該做什麼，但我一直都有說出實話的資格。對於那些優秀學校的入學流程，事實是這樣的：你得付出超人般的努力，才有可能獲得錄取的機會。那些希望孩子們上頂尖大學的父母真的必須擦亮眼睛，看清楚他們在要求自己的孩子做些什麼。那些希望能進入頂尖大學的女孩，也必須清楚知道，她們在高中需要多努力才有可能錄取。

儘管如此，我們還是有些方法可以舒緩爭取入學名額時產生的壓力。首先，家長必須確保他們和孩子的期待是一致的。由社會學家芮妮．史賓塞和同事們所設計的深入研究發現，當家長對女孩的期待高於她們對自己的期望時，會造成女孩更大的壓力。如果我們希望女兒進入頂尖大學，我們必須確保那也是她們自己想要的。如果得知彼此的認知不太相同，我們雖然會感到失望，但最重要的，還是要保持開放溝通，也許還需要一些協商，好確保雙方對大學的態度是一致的。

第二，家長應該盡可能阻止孩子把目標只放在一、二間特定的大學。在現今的申請模式中，這麼做無異於期待中樂透。如果女孩願意用更開放的態度看待自己未來的學校選擇，她就越不容易在結果出來後感到失望。近幾年的大學入學總像違背了所有的邏輯。女孩有可能會被夢想的學校錄取，卻被安全的選擇拒絕。或者，一間學校可能錄取一個女孩，卻拒絕了另一個看似更優秀的學生。

這場大學入學的賭局在爭取獎學金的賭盤下顯得更加困難重重。在美國，很少家庭能夠完整負擔大學的學費，不論女孩申請的是哪間學校。但就算學校提供獎學金和助學貸款，這些選項通常也令人困惑或不清不楚。理想上，女孩應該在學校提出錄取通知時，也一併得知這些訊息。但事實是，她在開始進行申請時，會完全不知道從何得知這些選項。

最後，在可能的情況下，我們應該認真思考，除了準備進入頂尖大學申請的過程，我們還額外要求女兒做哪些事。我後來知道，亞德麗安平常負責洗衣服，但她媽媽讓她暫時休假到演講比賽和田徑比賽結束之後。類似的狀況也發生在我一個朋友家中，他明智地暫時不要求女兒和全家人一起吃晚餐，讓她先把學校的繁重事務做完。他把晚餐送到她房間，並在早上幫她做好午餐便當，好讓她每天都能多睡一點。

等到折磨人的時間表恢復正常後，女孩自然該重新負擔起她們的義務。這代表你也許要等到暑假再開始要求女兒做家事，或是在她的課業告一段落後，再期待她去參加兄弟姊妹的樂團發表會。但家長必須了解，如果女孩的目標是其中一間頂尖大學，這意味著要不斷努力。當然，有些女孩和她們的家長並不願意犧牲穩定平衡的高中生活，換取對未來職業生涯的保證。我有一些好消息要告訴他們：這些犧牲或許不是必要的。

改變我們對「成功」的定義

所有的家長都希望自己的孩子長大成人後能獲得內心的平靜。這是個很有價值的目標，但也非常遙遠且模糊，會讓我們不知道該如何讓女兒走到那一步。當我們希望能做些什麼，放下對不確定的未來產生的憂慮時，我們總會預設，如果女兒在成年後能有足夠的錢，她就能感到放心；而如果她的事業成功，她就可以賺到夠多的錢；所以如果她能進一間頂尖大學，她就能在自己選擇的專業領域中成功。這些期待都是為了她好，但其實，這並不代表她們到中年就能有圓滿的生活。

一份二〇〇六年針對財富與生活安樂之間關係的研究發現，成年後的幸福感在家庭收入來到每年台幣一百五十萬元時會穩定升高。在這個收入等級之後，賺更多錢只會造成微不足道的影響。而針對增加生活幸福感的研究則顯示，那些會使人感到滿足的因素並不是圍繞著財富或職業等級打轉。擁有高幸福感的成人會對自己感到滿意，覺得自己有所成長與學習，並享受與他人建立健康、令人滿足的感情關係。快樂的成年人相信他們的人生具有意義與方向，也覺得自己的努力是成功的。

當然，世界上並沒有一個通用的公式，可以保證我們把女兒養育成能幸福生活的大人。但當我們把成年後的成功擴張到幸福安樂，而不只是令人刮目相看的成就或收入，我們指引女兒的方向就會有所進步。我們的最終目標是讓女兒在成年後感到滿足與安全，不管她們上哪間大學或有沒有上大學，也不管她們選擇什麼職業或賺了多少錢。

實際來說，要家長退一步、不再那麼關注女兒的學業成就並不是件易事，尤其是我們現在能輕易從網路監控女兒的成績。但在我們改變對未來的看法之後，我們就可以改變自己的引導方式。

放棄彈道模式吧！

當我和女孩與她們的家人討論未來時，他們規劃未來成功的方式通常被我稱為「彈道」模式。在這個模式裡，女孩是一台火箭，在高中畢業後，就要發射進入這個世界裡。她的成績單、大學考試成績還有課外活動紀錄便會成為她的目標座標，如果她打算念大學，那麼這些座標在她十二年級的第一個學期就已經設定好了。女孩和她的家人可能會花整個高中的時間擔心最後的軌跡是怎麼樣，尤其是她的發射角度隨著一次次的成績而改變的時候。在這樣的模式中，最理想的座標（可能會把她發射向頂尖大學的座標）意味著她的未來會非常明朗。而稍微不那麼理想的座標（也許會讓她進入沒那麼響亮的大學）並不會讓她擁有這麼優秀的發射軌道。

事實是，這個模式一點都不合理。許多人進了頂尖大學，卻在畢業後過著悲慘的生活。也有許多人用了普通的高中座標，然後不論有沒有更高學歷或更好的職業生涯，都能走向豐盛富足的人生。的確，我們對這個世界真實運作方式的認知，會告訴我們該直接屏棄這種彈道模式。我們不該將大學的選擇視為定死的座標設定，而是視為一條自我定義的寬廣道路的開端。有些女孩會直直向前走，有些女孩可能多方嘗試；有些女孩會一鼓作氣地向前衝，有些人則會選擇較有餘裕的節奏。在開闢道路的同時，女孩會做出許多抉擇，而這就是家長派上用場的時候。

羅倫女子學校中有一個我很喜愛的家庭，兩個女兒都是這裡的校友，兩人卻是大相徑庭。大女兒是傳統的優秀學生，後來進了一間優秀的大學。小女兒則完全相反，從來不喜歡學校的必修基本課程，成績普普通通，只有設計與金工課程引起她的興趣。在高中時期，小女兒把學校所有的空堂時間花在藝術教室裡，精進她的技術，其他學科保持普通的成績，讓她在畢業後進入設計學院就讀。

由於和學校有多年的連結，我對這對女兒的父母認識頗深，而我很敬佩他們，因為當我們聊到這兩個女兒時，他們總是將焦點放在兩人各自會成為什麼樣的人，而不是會達成什麼成就。暑假期間，他們會鼓勵女兒有平衡的休息時間，讓她們能各自發展熱情所在。當大女兒交了一個糟糕的男友，他們會強調她的感情生活和友誼都應該溫暖且充滿信任，讓她更喜歡自己，並能幫助她成長改變。當他們和兩個女兒討論未來時，他們便強調她們都該找到有意義的工作，為自己付出的努力自豪，並將她們真正在乎的事物練習到精熟。他們和我認識的大多數父母一樣，將成功定義為追求幸福感，而不是傳統的成就。

家長可能會擔心，強調長期的生活滿足感也許會對女兒的成績帶來負面影響，這是可以理解的，但研究卻證明不是這麼一回事。一份近期的研究給了學生一份價值觀清單，讓他們排列出他們認為自己家長心中的優先順序。有些價值與學業和職業成就相關，有些則和與他人建立連結相關（後者如我們所知，對整體幸福感有很大的功勞）。研究團隊追蹤這群學生的成績，結果和其他研究相差無幾：當家長將孩子的人際關係的地位排在和學業成績相同、甚至更前面時，孩子的學業成績並不受影響。重點是，同一份研究也顯示，那些覺得家長認為成績與職業成就比其他事物更重要的學生，壓力比其他人都大得多。

除了把彈道模式換成通往幸福之路之外，也許我們沒有其他辦法能讓學校更輕鬆，或讓女兒更享受學校。當女孩得到不理想的成績時——這是不可避免的——她也許會擔心自己的彈道受到影響。我們可以告訴女孩，人生就是失誤與修正軌道的過程，這樣可能舒緩她的緊張。如果她擔心自己比不上班上優秀的學生，我們也可以告訴她，人生的幸福感是來自她對自己、人際關係以及自己運用天賦的方式的肯定，而不是在學校裡的成績。

簡而言之，提醒我們的女兒人生除了成績之外還有很多可以努力的方向，這只有好處、絕對沒有壞處。將這一點謹記在心後，我們就可以將注意力轉向圍繞著女兒的外在世界。

女孩與文化

Chapter 6

我們的文化向來對女孩與年輕女性抱有不公平卻不變的期待：我們希望她們好說話、好接近又要吸引人。這些理想形象都會施加壓力在女孩身上。認知到每個女孩身上都被套上這種標準，我們才可能更進一步點明。再來，我們必須注意自己是如何下意識地把這個文化中的陷阱直接複製回家並套用在女兒身上。接著，我們要教導女兒質疑那些毀滅性的社會傳統，儘管也許有時候她們還是會發現自己身陷其中。最後，我們可以向女兒指出一些實際的解決方式，幫助她們在文化中游刃有餘，不需要放棄自己身上某些珍貴的部分。

讓我們先從幫助女兒學會保護自己的時間與堅持自己的興趣開始吧。

默認文化

十月上旬的一個星期三下午，一個名叫妮姬的九年級女孩坐在我的門診辦公室沙發上。她從四歲開始就是一名體操選手，而此刻，她正挺直背脊，小心翼翼地打量著我。我們在她母親的建議下有了這次會面，雖然妮姬同意來參加會談，但坐在我的辦公室裡很顯然就讓她感到很緊張。所以在我們寒暄幾句之後，我便幫忙開啟了話題。

「你媽媽打電話給我。」我說。「她說你最近焦慮到很難入睡。」

妮姬點點頭。她的高馬尾活潑地甩動著，和她內斂的表情呈現奇怪的對比。她輕柔地說：「對。我每天晚上都大約十點半上床。雖然我很累，但我有時候會一路醒到半夜兩、三點。」她的語調禮貌、簡短而疲憊。我對這樣的組合再熟悉不過了，來和我會談的少女有很多人都是這樣。

「那在這段時間裡發生了什麼事呢？」我將自己的疑惑說出口。「你睡不著的時候都在幹嘛？」

妮姬猶豫地開口：「大部分的時候，我就只是一直在想事情。例如想想那天發生的事、想想我該做的事情或我和朋友的對話。」然後她漸漸放鬆下來。「我擔心我在網路上貼了什麼愚蠢的文章，或我是不是說錯什麼話傷到人了。我擔心到睡不著覺。」

「你有跟你爸媽講過這些事嗎？他們知道這些讓你睡不著的原因嗎？」

「他們知道我失眠。」她承認道。「但我不會告訴他們原因，因為他們只會叫我不要擔心。我又不能把大腦關機……等我真的睡著的時候，通常都是因為我真的累到昏倒了。」

在幾次會談後，妮姬的壓力終於下降了幾階。會談的過程中，我們練習了放鬆的技巧，幫助她清空腦袋，我們也找了一些方式，讓她向自己保證，就算她真的傷了某些人，她也有辦法彌補這些過錯。不久後，她就平靜到能在大部分日子的十一點半或十二點時入睡。

妮姬在會談時也越來越自在，在一個涼爽的十一月天，她在會談一開始就迫不及待地說：「真的改善很多耶，我現在很快就能睡著了。」我當然很開心，但也對她突然的進步感到很意外。

「真的嗎？真為你感到高興。發生什麼事了嗎？」

「我的腳應力性骨折了。」她用一點也不擔心的口吻解釋道：「醫生說我接下來六週都不能練體操。然後一切就都不一樣啦。」

「怎麼說呢？」我問。

妮姬實事求是地回答道：「嗯，因為這樣我就不用再擔心學校的事了。」

由於我們之前一直專注在妮姬的失眠問題上，我們幾乎沒有談到學校。我知道妮姬是個好學生，但當我們沒有討論失眠的時候，我們就在聊體操和朋友圈裡的社交鬧劇。我很意外原來學校也是個問題。

「你為什麼要擔心學校呢？」

於是她開始描述自己的日常。早晨通常兵慌馬亂，因為妮姬會賴床到最後一刻才起來，彌補自己的失眠。她會在校車上試著把還沒做完的功課補完，但每天早上都還是覺得自己跟不上。等到她練完體操回家時，已經九點了，妮姬會盡快做功課，直到她累到注意力渙散為止。她平日和週末都花很長的時間在體操訓練上，她不可能有太多時間念書，所以她總是在擔心自己的成績。「我還是想辦法在學校都表現得不錯。」妮基解釋道：「但我的行程表真的很累人。」

在她說話的同時，我坐在那裡，只想狠踢自己一腳。我當了二十年的心理醫生，卻連焦慮症的基礎都忽略了。聽她說了這麼多睡前的憂慮，我早該問問妮姬的日常生活，因為現在聽了她完整的故事，這完全就是典型的心理壓力症候群。她在晚上也沒辦法放鬆下來，因為她每天都在把自己推向極限。普通的擔憂對她來說也是災難等級，因為她在爬上床之前，她的精神就已經被折磨得差不多了。

「如果停止體操練習，你會覺得比較好嗎？」我問。

「喔，當然啊。」她悶悶不樂地補了一句。「但我不能停。」

「為什麼？」

「嗯……我有試過……但沒有成功。」

我皺起眉，偏了偏頭，告訴她這句話讓我既困惑又好奇。

妮姬繼續解釋下去：「我和體育館的教練很熟。八年級結束的時候，我有跟她說我擔心高中的功課量會太大，所以我想停止體操訓練。我以為這沒什麼大不了的，但我看得出來她滿受傷的，然後她說她不希望我放棄運動。」她說。「我不想讓她失望，所以幾天之後，我又跑去告訴她我改變心意了，我想繼續練下去。在那之後，她建議我開一堂課教比較年輕的學生，我沒辦法拒絕。」

「你爸媽有看見你一邊花了這麼多時間在體育館，一邊又想要維持課業所付出的代價嗎？」我溫和地問。

「有啊。」她點點頭，聲音柔和了下來。「我知道他們也很擔心。我爸媽希望我有多一點時間休息，多睡一點。但我真的不想讓教練失望。」

妮姬和我都知道，只要她回到體操訓練的循環裡，她的睡眠問題就會再度出現。但她沒辦法停止，我們也沒辦法讓她的一天多出幾個小時。妮姬沮喪地看著我，顯然感覺自己被困在進退兩難的處境裡。從現在的狀況來看，唯一的解法似乎只有讓她掙扎地過完接下來的高中三年。

雖然妮姬準備好接受這個可能性了，但我可沒有。

*

我們都期待女孩能照著別人的要求做。我們通常對男孩就沒有這種期待，而這樣的雙重標準一再出現在我們對拒絕要求的女孩（而不是男孩）使用的嚴厲用詞中。

那些不照著他人期望行動的女孩在最好的狀況下，有可能被人說不為他人著想。根據不同的情境，女孩不情願做某件事，很可能就會被人說很自以為是或是很跩，也許是一個快要遲到的女孩拒絕別人要她收拾與她無關的爛攤子。就算男生真的沒在為他人著想，別人也會用「男生就是男生」一句話打發他們的行為。用來形容不聽話的男生最兇的用詞很可能是「討人厭」，但這個詞本身聽起來也沒有這麼像咒罵、這麼極端，也比指稱女生的用詞來得更輕鬆。

所以，我們的女兒就陷入了兩難。要女孩同意所有的要求是不可能也不合理的，但她們知道也害怕，如果她們拒絕，就可能要承受那些失望與罵名。

難怪她們會感到壓力與焦慮。

讓事情更惡化的是，女孩比男孩更常陷入自我折磨的反省。不管她們有沒有自覺，許多女孩（和女人）都將寶貴的精力花在每天不斷焦慮地審視每一個微小決定會帶來的影響。如果我拒絕了朋友的派對邀請，只想留在家裡，她會覺得我很機車嗎？如果我這星期說我只能當小老師一小時，而不是平常的三小時，學校顧問會覺得我自我中心嗎？

簡而言之，我們的女兒一直從他人那裡接收到強烈的、期待她們配合其他人的訊號，不論是口頭上或是非語言的。這讓很多女孩都有和妮姬一樣的感覺：緊繃、疲憊，並背離自己的期望與興趣。

不過，並不是所有的女孩都這樣。在我的臨床經驗、我在羅倫女子學校和女孩的會談以及全國的演講中，我發現有些女孩能夠輕鬆地拒絕要求，當她們拒絕派對、推掉某個責任，或是做出其他合理但可能讓人失望的決定時，她們也不會經歷一大串心理糾結。我發現她們都有一個共同點：和同儕比起來，她們都比較沒有壓力、也比較不焦慮。

我們希望女兒能成為守護自己利益、為自己發聲的大人，而不是把寶貴的精力浪費在擔心捍衛自己時間的決定會不會招致他人反對，尤其是在男孩們從不擔心的情況下。我無法無視那些刻在文化深處的力量，也沒有天真到相信家長們能夠一手遮天地改變存在於家庭外的性別歧視。但無論如何，我們還是有很多方法可以質疑這些雙重標準，並保護女兒遠離那些讓人精神耗弱的影響。

討好的教育

養育女兒會把大部分的家長都變成文化糾察隊。我們會幾乎神經質地去注意性別歧視，也不希望我們的女兒被這樣的烈焰灼傷。當我們聽到女兒和幼稚園裡的其他小朋友討論未來時，我們便會迫不及待地提醒她們可以做任何想做的事。如果鄰居小孩嘲笑女兒的「男生頭」髮型，我們便會駕著隱形的文化警車，掏出隱形的警棍，並且教訓他：「有些男生留長髮，有些女孩留短髮，而且這髮型很適合她！」我們想要把女兒養成有決心、有能力的大人。我們希望她們能有自己的觀點，並且能強而有力地表達。看在上天的份上，我們都是認真的！

直到我們開口要求她們做事為止。

直到女兒的一個三年級同學留了語音留言，邀請她去家裡玩，而女兒皺起鼻子說不想去，因為她不喜歡那個孩子。然後我們會說：「喔，拜託……她也沒那麼糟嘛。」或是：「你想要邀請她來我們家嗎？那樣會比較好嗎？」或是：「如果你是她，你會怎麼想？」

我們會不斷洗腦女兒，想要她說好。

為什麼？

不管我們接不接受，我們也都是在這個文化下長大的人，而我們每個人，包括我，都有可能在一瞬間從糾察隊變成加害者。因為就像女兒害怕拒絕後會隨之而來的批評，我們也會怕。我們不想面對女兒可能被說無禮、自私，或更糟糕的「壞女孩」。

當然，有很多事是女兒不想做、但是不得不做的，像是探望無聊的親戚。有時候，她們可能還得強顏歡笑。我們很快就會提到這些狀況，以及我們該怎麼和女兒討論。但目前為止，我們該知道的是，我們也會無意識地逼迫女孩們接受那些其實沒有必要接受的要求。我們應該好好利用這些教育機會，因為如果我們想保護女兒遠離壓力與焦慮，這些機會都至關重要。我們的女兒不該同意做許多讓她們感到不開心但能夠選擇的事，我們也不應該錯失任何一個機會，訓練她們說不的能力。但在我們的文化中，這其實是個複雜得令人意外的問題。

以女性的身份發言

不論是學著有自信地說不，或是用其他辦法捍衛自己，我們的女兒都該學會如何為自己發聲。我在心中對有能力的女性有個很明確的形象，過去我總是鼓勵女孩用直接、大方、不愧疚的方式表達。但隨著時間過去，我發現這個準則雖然聽起來很棒，也似乎很有道理，但有許多隨之而來、我們很少正視的難題。

首先，建議女孩總是大膽、直接地說話，就是在反映男性強硬而女性膽小柔弱的刻板印象。使用這樣的前提自然會得到這樣的結論：如果女兒想創造一個更平等的環境，我們就要鼓勵女兒用兒子的方式說話。但任何一個有好好花時間和男孩與女孩相處的人就知道，這個結論的基礎點就錯了。

女孩們一點也不膽小。你也許已經發現，當你要女兒收碗盤、穿你指定的上衣或逼她上舞蹈課時，她會毫不猶豫就告訴你她不想做。只要她們不擔心會毀掉一段關係，或是遭致社交上的報復，女孩們就很善於說不，而且既直接又毫無愧疚感。

男孩也並非總是強硬。事實上，大部分的男性都有足夠的社交技巧，能夠有禮地拒絕要求，或是在必要的時刻變得不直接。如果男孩已經答應和一群人玩紅綠燈，又有人邀請他玩鬼抓人，很多男生會友善地說：「我剛答應要跟他們玩耶，等一下好嗎？」大部分的男性會用類似以下的對話，友善地拒絕一頓午餐邀約：「我是很想去啦，但我忙不過來。感謝詢問。」

但是，如果有需要的話，男性比較被默許用唐突無禮的方式說話，遠超過女性。我最近和一位朋友一起出門健走時，又一次看到這個例子。她和她老公都是外科醫生，我們當時正在聊職場中對男性與女性行為的雙重標準，她便脫口而出：「喔，對啊！我老公跟我說過一些他在手術室裡說的話，要是換成是我，大概就被開除了吧。」頓了頓，她又惱怒地補充道：「他也不該說那些話，但別人會對他睜一隻眼閉一隻眼。」

重點是，如果我們建議女孩使用的溝通方式，是建立在錯誤的刻板印象中、她們與男性已經在使用的溝通方式上，那這樣的建議很可能就會放錯重點。退一步來說，就算男性的確一貫粗魯地表達個人意見，那是我們應該學習的嗎？

除了建立在錯誤的預設前提上之外，建議女孩保持大膽又直接的態度還會帶來另一個困境：魯莽的態度會造成反效果，尤其是對女孩而言。有許多研究顯示，當女性在職場上被人認定是用男性的態度做事或說話時，她們就會遭受批評。套在男性身上叫做自信的態度，在女性身上時常被稱為「武斷」。在男性身上我們視為直接的行為，在女性身上通常會被視為傷感情的作為。另外，熱愛表達的男性被視為熱情，但在女性身上，卻叫做情緒化。

我們的文化對於女孩的反抗抱著嚴格的態度，這也是有明確證據的。美國國家女子法律中心的一份研究針對校規中的種族問題進行調查，意外發現他們對女孩的說話方式有不成文的規定。經過比較，在幼稚園至十二年級這個區間，非裔女孩被退學的比例是白人女孩的六倍，儘管兩個群體的孩子做錯事的比例是一樣的。

這份研究的作者將不公平的退學率歸咎到無意識的種族偏見上（這也出現在許多篇不同的研究中），這種偏見讓學校官方認定非裔女孩特別具有攻擊性。舉例來說，一名非裔女孩也許會因為公開反對老師的意見而受校規處分，但白人女孩很可能只是被忽視或被溫和地糾正。根據這篇報告，黑人女孩之所以會受到不合理的懲罰，是因為她們似乎「在某些事看似不公平或不公義時，會藉由強勢表態，挑戰社會中行之有年、認定的『女性化』行為刻板印象」。

不用說，除了非裔女孩被針對的種族問題之外，我們也必須針對性別歧視的文化結構為女性強加罪名這件事進行抗爭。因此，我們鼓勵女兒為自己發聲，不要忍氣吞聲。但儘管如此，我們也不該讓女孩覺得強力表達看法總會帶來正面的結果，因為我們也深知，有時這樣做，她們必須付出很高的代價。

我們必須記得，在一句話都不說和莽撞表態之間，我們還有其他有用的選擇，這樣才能為女兒帶來最大的幫助。在溝通技巧方面，女孩確實個個是多才多藝的戰略家，我們也應該相信她們。

女兒已經看見她們和男孩的不同優勢，而我們應該和她們討論已經觀察到的事實。下次，當女兒提到學校裡又有一個男生和老師意見相左，或是還沒舉手就發言時，問她男生有沒有被處罰，或班上其他女生這樣做會不會有差別待遇。問她對勇於表達的男孩與女孩或是白人女孩（在台灣則是華人女孩）和其他種族的女孩有什麼看法。然後問她，對於這些雙重標準，她和我們有什麼能改變的。

針對誰能說什麼話、又該怎麼說，和她展開一番長談，或是展開一連串談話吧。這些討論並不是要告訴女兒該怎麼自處，而是要幫助女孩意識到並掌握她們所面對的不公平。在那之後，她們就可以自己決定什麼時候要正面迎戰、什麼時候要用比較委婉的方式。

挑戰語言規則

地毯式地建議女兒大膽、直接地說話還有一個問題：這樣的引導其實是建立在充滿偏見的前提上，認定女生應該怎麼說話。在流行媒體上，我們應該很常看到文章說女性太常道歉、習慣性地讓自己說的話聽起來像問句，或是在句子裡加進很多「只是」，因此破壞自己說話的主權。有鑑於此，女權提倡者鼓勵女性改變這些說話習慣，讓自己聽起來更有自信一點。舉例來說，二〇一五年時，女性主義者娜歐蜜．沃夫發表了一篇文章，呼籲年輕女性放棄這些「毀滅性的語言模式」，並伸張她們「強大的女性聲音」。

但語言學家對於女孩和她們的說話方式有不同的看法。事實上，在娜歐蜜．沃夫發表了她的文章三天後，女性主義語言學家狄波拉．卡梅隆（也是在本書第四章中質疑我們標準的防止約會強暴建議的學者）便發表了一篇銳利的反對文章。卡梅隆表示，當我們批評弱勢群體的說話方式時，我們只是用新的方法表達原本就已經存在的偏見。她特別針對沃夫說女人講話的方式是在破壞自己的權力這一點，說這樣的看法「其實是本末倒置的邏輯，就像是說如果非裔美國人不要再說非裔英文，警察就會少開槍誤殺他們」。根據卡梅隆的說法，「人們也許會說自己完全是根據對方的言詞來做判斷，但他們判斷的其實是說話者的身份」。

更重要的是，卡梅隆也指出，女性言談中經常被批評的模式，其實男性也一樣會使用。卡梅隆表示，年輕女性傾向成為語言改變的先鋒部隊，因此有些時候，年輕女性會比其他人更快發展出新的語言習慣。儘管她們的新創模式很可能會招致批評，但通常用不了多久，她們的新穎用法就會變成主流。

女孩（而且也只有女孩）也許因為說話的方式被貶低，甚至受到不公平的處分，但不代表這就是她們的問題。以卡梅隆的話來說，「教導年輕女人去適應語言偏好——也就是所謂的偏見——而且還是由經營律師事務所和科技公司的男性所決定的偏好，事實上是在幫獨裁者推廣這些規則。這麼做就是在接受女性說話方式有問題的事實，而不是認知到人們對女性的說話方式抱有性別歧視的態度」。

卡梅隆和學術語言學的同事提出的論點相當具有說服力，並告訴我們，是時候改變我們看待女性說話方式的眼光了。一但我們放下自己充滿好意去糾正女孩語言的衝動，我們便會發現，有許多很容易被批評的語言模式，例如一個女孩說：「很抱歉我不能去參加派對，只是我這週末真的太忙了。」但這其實只是所有有禮貌的人會用以拒絕他人的語言模式。與其批評女孩說話的方式，我們應該要認知到，她們其實是直覺地使用了更成熟的語言策略，好在拒絕他人的同時不傷害感情，或是破壞一段重要的關係。

這並不代表你該放棄你的語言小潔癖，所有在意語言的人都有這個小問題（我自己就認為，「超影響」這個說法根本是死罪）。但當我們討論女孩的說話方式時，請把批評轉換成好奇吧。當我和一個高中老師及她的學生討論女孩的語言使用傾向時，這位老師哀傷地說：「我真的很討厭女生動不動就說『抱歉』。我一直都會鼓勵她們改掉。」這時，一個學生立刻回應道：「我知道我真的很常這樣說。」

我用中立且好奇的語調問道：「你為什麼會覺得自己太常用這個詞呢？」

「我也不確定。」她說。「我不是真的感到很抱歉。我覺得我只是在不打算做某事的時候才會這樣說，像是要跟某個人走去下一間教室的時候，我會說：『抱歉，但我得先去置物櫃拿個東西』之類的。」

「這很合理。」我回答。「你只是在想辦法軟化你的『不』而已。還有什麼詞也有同樣的效果呢？」

坐在我們對面的另一個女孩插嘴道：「你可以說：『我很想啊，但是現在不行。』」另一個女孩幽默地說：「『哎呀，真不巧，今天不方便呢！』」

「對耶。」那個會反射性道歉的女孩感激地說。她補充道：「這些我也都會說啦。」然後她便感謝同學們好用的建議。

讓我們先預設女兒的說話方式有她的邏輯吧，就算她們的風格和我們不合也一樣。女孩們很擅於反省自己的表達方式。我們應該詢問她們用語的選擇背後的原因，而如果有必要的話，也能幫助她們考慮其他的選項。

語言工具包

文字可以是一把大錘，有時候是必要的。但對大部分的溝通情境而言，語言應該是一把瑞士刀，因為我們在不同的語境中會需要不同的工具。擁有不同拒絕方式的女孩比較少照著他人的意思做，也比較少擔心她們拒絕後會承受罵名。作為父母，我們應該幫助女兒發展她們的語言瑞士刀，幫助她們在表達自我時能夠強力又直接、禮貌又體貼，或是展現任何她們覺得符合情境的風格。

*

雖然我很少為會談的個案安排當天的主題，但我對妮姬下一次的會談已經有個計畫了。會談當天，我們坐定後，我就說：「我一直在想我們上次最後談到的話題，你覺得你好像沒辦法拒絕體操教練。」妮姬點點頭，很好奇我接下來要說什麼。「聽聽看我說的對不對——你覺得自己被困住了，因為很你很在意和她的關係，也覺得如果你想放棄，可能會傷害到她？」

「對。」妮姬說。「我認識她很久了，我看她的表情就知道她不高興。」

「我有個解決方式可以讓你參考。這不是從我從心理醫生的經驗所得來的，而是來自一個擅長談判的學者，他想到一個好用的方法，能在你拒絕某人之後，反而增進你和對方的關係。」

妮姬看起來很感興趣。她雖然很懷疑，但是願意一聽。

我告訴她一個簡單的公式，能夠幫助她決定自己想要什麼，以及如何傳達給她的教練。公式是這樣的：好、不、好。第一個「好」指的是，當我們決定拒絕一件事時，是因為我們要對另一件事說好。「你，」我對妮姬說，「想要放棄體操，好讓自己有多一點時間做其他事。告訴你的教練你想放棄，你實際上說的是，你想多睡一點、想減輕學校的壓力。」

妮姬對我露出一個悲傷的微笑，好像我描述的是一個遙不可及的幻想。

「第二，你的『不』，其實是來自於第一個『好』。你拒絕教練，好讓自己不要這麼緊張。之後，你就可以來到公式的第三個『好』——也就是你可以做的其他事。」

「好。」妮姬公事公辦地說。「那我該怎麼跟教練說？」

「現在，我們已經定義好你的『好、不、好』了，你可以說：『受傷之後，我就很想念體育館，但我也睡得比較多，也覺得其他事比較輕鬆了。所以等我腳傷好了之後，我就不會繼續比賽了，但我還是可以幫其他小朋友上課。』」

妮姬猶豫了一下。「我覺得這點子不錯，但是老實說……我連最後那個『好』都不是很想要。我真的沒時間教課。」

我對於她的誠實感到很欣慰，又繼續說：「不然我們就保留前半部，然後說：『等我的腳傷好了之後，我不會回來，但我還是想要保持聯繫。如果我有時候來看比賽，跟你碰個面、幫隊伍加油，這樣可以嗎？』」

「這個嘛。」妮姬回答。「這我做得到。」她的表情緩和下來，肩膀也放鬆了。「這也是我想做的事。」

女孩很在乎與他人的關係，除非我們給她們一些策略，否則她們寧可犧牲自己，也不願意破壞一段有意義的關係。除了聰明的「好、不、好」公式之外，我也會鼓勵女孩運用自己的才智。開個小玩笑（像是「哎呀，真不巧，今天不方便呢！」），女孩就能同時說不又表達她對自己拒絕的這個人抱持友愛態度。

在女孩的語言瑞士刀中，最好用的工具也許就是她的語調了。像我們知道的，這也是溝通的核心（換句話說，一首曲調陰鬱的歌就算配上快樂的歌詞，也還是一首哀傷的歌）。身為父母，我們永遠都有機會展現語調的強大力量。回想我一開始舉的女兒朋友邀約的例子，我們可以讓女兒站在旁邊，並回撥給對方的家長，用友善但堅定的語調說：「謝謝你的邀請，但這次我們去不了呢。」

下一次，如果你的女兒想要拒絕某件事，也許她想跟朋友去看電影，但不想應付太多社交，所以不想去朋友家過夜，你可以幫助她找到正確的說法，但請把重點放在語調上。女孩在語調的改變上可以做得很好，如果有經過練習，甚至可以表現得更好。等你們選了正確的用字之後，也許是「我很期待電影，但過夜的話到不了喔」，就讓女兒來嘗試各種語氣，體會表達出來天差地遠的感覺。同樣的句子可以是唐突、心虛、小心或是我們這次希望的——溫和且自信，傳達她不能去過夜卻也不感到抱歉，以及她真心為和朋友一起看電影感到興奮的感覺。

透明女孩

我和一群六年級的女孩辦了一場心理工作坊，討論我們該如何拒絕自己不想要的要求，結果意外地和觀眾群中的一個女孩展開一段重要的對話。我問她們，如果有個同學週五晚上約她們去家裡玩，但她們並不想去的話，該怎麼處理。我們首先實驗了「好、不、好」公式（例如「我不想過去，因為我想要早點上床睡覺。但我們星期一可以一起吃午餐？」）。在那之後，我們又嘗試用不同口氣說：「如果改成下星期五呢？」然後我提出了另一個選項：「如果你想的話，」我建議道：「你們也可以說：『謝謝你想到我，但我有其他安排了。』」

有一隻手高高舉起，我便點了那位看起來很不自在的女孩。「但是，」女孩的四肢又細又長，當她的右腳翹在左腳上時，甚至可以把右腿勾到左邊的小腿下面，「如果你不是真的有別的計畫……那這樣，你不就是在說謊嗎？」

「喔，當然不是呀。」我保證道。「你也許計畫幫自己上個指甲油，或是做一些網路心理測驗，或是你的計畫就是不要做計畫，直到你想到要幹嘛為止。」我的答案對我來說再合理不過了，但似乎沒辦法說服這個雙腳打結的女孩。所以我繼續說：「你並不欠你的朋友任何解釋，如果你不想告訴她你的計畫，你就不用告訴她。」

從這個六年級女孩的表情看來，她完全不吃我這一套。最好的狀況下，我的建議對她來說就是很奇怪而已。但最壞的狀況是，她也許會懷疑學校幹嘛找一個腐敗的大人來教她們這些小女生說謊。在這個心理工作坊結束很久之後，我還是無法忘懷這段對話。我對我的教導非常肯定，但那個女孩明顯的不適感也讓我感到困擾。我也知道，她不是當時唯一一個覺得自己不能選擇性對朋友隱瞞某些資訊的女孩。

為什麼這些女孩好像覺得自己隨時都必須開誠布公？我越思考這個問題，就越發現我們是如何規勸女孩要真誠，又是如何把誠實推崇為至高的美德。當我們鼓勵女兒「真性情」時，我們當然是一片好意。我們是在鼓勵她們跟隨心之所向，不要為別人而活。但聽在女兒耳裡，似乎不是這麼回事。我們很可能沒有發現，女兒們是把這句話解讀成她們必須隨時保持百分之百的坦承。

這就造成了一個問題，尤其在我們把要求女孩隨和的文化和真誠結合在一起的時候。女孩其實沒辦法同時做到這兩點，因為就和所有的人類一樣，每個女孩都有複雜的想法與感情，她不可能同時毫無遮攔、又完全討他人歡心。

有負面想法或感覺本身不是個問題，因為想法、感覺和行為這三者是各自獨立的。我們很難控制我們的想法與感覺，也不太需要這麼做，我們只需要規範自己的言行舉止就好。有時候，我們的想法和感覺當然會引導我們的行為，例如我們會欣然接受一個真心好友的邀約。但為了當有文化素養的社會一員，成年人多半會把想法、感情與行為切割開來。所以我們才會在和其實完全受不了的同事單獨搭電梯時，進行禮貌性的交談。

有些女孩覺得她們的感覺、想法和行為必須百分之百一致，光是產生一個負面想法就會讓她們感到焦慮。日常的小惱怒，像是被迫和一個討厭的同學分到同一組做報告，會讓覺得自己必須要百分之百透明的女孩覺得，自己有兩個都站不住腳的選項，而且就只有這兩個。如果想完全「誠實」，她就只能毫不掩飾自己的不悅，並自行承擔後果。或者，女孩必須為自己的不耐煩感到羞愧，並沮喪地找個方法驅逐自己內心（和大腦和行為中的）所有的不悅。

但是，女孩們為什麼會不知道自己可以想一套、做一套呢？如果她們想拒絕一個邀約，她們為什麼不能說自己有事要忙？友善且正派的大人也很常這麼做，男孩們更不會因為這些擔心而睡不著覺。我們的女兒為什麼會覺得，只要她們腦中有無法大聲說出口的想法或感覺，她們就會惹上麻煩呢？

嗯，我親愛的朋友們，我們可能要先自我檢討一下。在教養兒女的大量互動過程中，我們其實一直試著在女兒的大腦和心中立下規範。我可以以我們家作為例子：某個平日的晚餐時間，我們全家人坐在桌邊，我的女兒開始抱怨同學或是老師。我有時候會很快簡化或打發她的抱怨：「嗯，那個孩子可能最近也過得不好，你只要友善對待人家就好了。」或是：「我覺得你的老師只是很忙而已，她很快就會把作業改好發回來了。」

有時候，我會這樣唐突回應是因為我自己也累了一天。但其他時候，我是試著讓女兒把這些話吞回去，因為我知道我們的文化更需要女孩配合和保持禮貌，而不是男孩。不論這樣的回應背後是什麼原因，或發生在哪個日子，我的女兒都很容易聽見其中沒說的潛台詞：「你的負面想法和感覺是不被接受的。」

完整的解釋並非必要

詩人、哲學家和社會科學家早已申明一個我們每個人都知道的事實：我們在不同的情況下會展露不同層面的自己。我們可以把這樣的狀況用戲劇用語來解釋，當我們在「舞台上」（學校、工作等等）時，我們的行為循規蹈矩，因為有人在看我們。但當我們在「後台」（在家或獨處時），我們就能把頭髮放下來、更自在一些。

身為父母，我們有時候會忘記，女兒也有（而且必須要有）「舞台」和「後台」。當我阻止女兒抱怨時，我是在無視她知道在家說話與在公開場合說話之間有差異的事實。我是在無意義地擔心，如果讓她抱怨同學或老師，就是允許她因為不悅而在學校做出無禮或不討喜的行為。我的兩個女兒都不是這樣的人，你的女兒也不是。如果想讓女兒藉由完整接納自己的內心世界來舒緩焦慮感，我們在面對女孩一天結束後的抒發情緒時，只需要改變回應方式就可以了。

我的小女兒是個心直口快、非常有主見的孩子。如果她喜歡某件事，她一定會讓你知道，如果她不喜歡某件事，你也一定會聽到她說。在幼稚園的時候，有個同學和她有過節，有好一陣子，她下午回家後都會大肆抱怨。我決定教女兒們舞台與後台的概念後，我的回應就變成：「嗯，那聽起來真的滿讓人生氣的。你的大腦絕對有權利不喜歡她。但是請記得，我們還是希望你能表現得有禮貌。」這個建議對我女兒來說非常合理，也是重要的入門教育，讓她知道，她就和我們每個人一樣，都有公眾和私下的一面。

同樣地，當我的大女兒在國中時第一次面對社交的大鬧劇，我們也告訴她，她可以在家裡發洩情緒，抱怨她在學校發生的荒謬故事。我們保證不會告訴任何人，除非有人的人身安全受到威脅。我們讓她自由發洩情緒的條件只有一個，那就是她必須只在家裡抱怨，在學校則得保持非常文明的行為。

這不代表我的女兒就不會做錯事。她們就和我們每個人一樣，很真實、很完整、也不完美。但是我們的確該和女兒表明，她們就像我們一樣，都有內在（和在家中）的小世界，可以敞開心胸、誠實以對，並對自己的想法和感覺感到好奇。我當然會鼓勵女孩真誠又坦白。對我而言，真誠和坦白的意思是：女孩覺得真的可以去了解自己。

我們也許會擔心，給女孩這麼大的空間表達負面想法與情緒或許會導致負面行為，但事實通常相反。每個大人都知道，有個安全的地方讓我們發洩情緒，通常會讓我們更容易在不喜歡的人身邊有良好的行為。釋放不滿的感覺也能幫助我們更有效找出有建設性的策略，應付困難的關係。我有時候確實會懷疑，那些時常表現得陰陽怪氣或尖酸刻薄的女孩，是不是平時都被剝奪表達負面想法與感覺的機會。你越壓抑某種情緒，它就越可能從別的方面洩漏出來。

如果有必要，我們可以提醒女兒，表達不快樂的感覺和表現得像個混蛋之間有很大的差距。舉例來說，假設有一個爸爸告訴女兒，接下來的假期有一天要去拜訪一位姑婆，女孩回答：「喔，爸爸爛透了，居然要我們假日去拜訪她，根本就是叫我們花兩小時去拜訪一顆西瓜。」雖然女孩的想法是合理的（去拜訪姑婆可能真的不在女孩的假日清單上），但她說的話卻需要重新改造一番。

想教導女兒規矩，又不想造成女孩的自尊心受損，爸爸可以回答：「我知道你對我很生氣，也覺得去拜訪姑婆很無聊。你有保持自己觀點的權利，但你說話不可以這麼難聽。你得找個更友善的方法表達你的感覺。還有，這次拜訪的時候，我希望你能表現自己最好的一面，不管你心裡的感覺是什麼。」

這樣的互動其實一次完成了三件重要的事：提醒女孩不可以苛待任何人，就算是父母也不行；證實女孩有產生想法的自由，但是表達時必須是另一個樣子；還有，言歸正傳，這也給了我們一個範例，讓我們在不得不讓女孩照著某個她不喜歡的計畫走時，有辦法和她溝通。每個人都有這種時刻，不得不做些我們真的不想做的事。我們的女兒必須知道，在某些情況下，假裝熱情（或是至少禮貌地接受）並沒有錯。

如果女兒需要一點時間認識舞台上和後台裡的自己，請不要意外。我們每個人在學習決定和他人分享多少內心世界（還有分享的方式），又要保留什麼給自己時，都會犯錯。

但不論如何，當女兒在探索並建立自己的內外兩種形象時，我們都應該支持她們，因為我們希望她們覺得自己是情感細膩而複雜的。我們在家和女兒對話時，確實都應該預設她們不只是外表上看起來的那樣。因為對女孩和年輕女性來說，我們的文化相信的是另外一套。

外表很重要……有點太重要了

我們可能永遠也算不清女孩和年輕女性收到了多少訊號，告訴她們外表真的很重要。也許這點不需要透過任何證據來佐證，但我還是加減列了一些。就算對象是小嬰兒，大人們評論女孩外表的比例也比男孩高多了。彩妝與身體產品產業每年花一百三十億美金在打廣告，告訴女孩和女人要對自己的外表做點什麼。選美小姐比賽還是存在。在流行媒體中，從時裝雜誌到迪士尼電視劇和新聞主播，露臉的所有女性客觀來說都非常漂亮，但大部分在同個情境中的男性，看起來卻像你我都可能認識的鄰居。媒體上大部分的版面都被服裝、髮型以及成功女性的外型佔據，但她們的地位和服裝、髮型及外貌並沒有關係。

簡而言之，我們現在有兩個問題。第一，文化的力量不斷在對我們的女兒打信號，讓她們覺得外表也許比其他事情都來得重要。第二，我們的文化鼓吹的女性形象，是大眼、牙齒潔白、長髮披肩、皮膚無瑕、身材勻稱、又瘦又有曲線，這對大部分的女孩和年輕女性來說極難複製。

針對第一個問題，我們應該認知到，女孩如果覺得自己的價值有那麼大部分是取決於基因樂透的外表，而不是她們可以控制的內在，例如創意、善良、聰明、有趣、堅強和其他優秀的特質，光是這個事實就夠讓人焦慮了。此外，我們對女孩外表的在意程度，不僅僅讓人注意不到她們真正重要的特質，事實上，這會破壞她們原有的特質。

事實上，一份重要的研究發現，光是評論一名年輕女性的外貌，就會暫時減低她的智能表現。為了研究關注女孩外表所造成的影響，一群心理醫師邀請大學生參與一場號稱是求職策略的教學活動，大學生們要準備一份附有照片的履歷。等到研究者們有時間「檢視」那些履歷和照片後，他們便給所有女性的資料一樣的評價，但有一半的女孩得到額外的一句話：「我從你的照片得知，你的外型非常體面。好看的外表在求職市場是個優勢。」等到大學生們都收到評價之後，研究者便讓他們寫一份非常困難的數學考卷。

那些收到有關外表的評價的女孩，成績比沒有被討論外表的女孩糟糕許多。有趣的是，就算是不太在乎外表的實驗參與者，這個影響還是存在。專注在年輕女性的外表特質上，會讓她們無法表現強大的真實自我。

身為父母，我們應該試著降低女兒外表的重要性，並展現出其他部分的重要性。有時候，這麼做簡單又愉快。當我的女兒年紀還小，陌生人誇獎她們有多可愛時，我總會習慣性用愉快的聲音回答：「她內心更可愛呢！」但其他時候，和女兒討論外表，剛開始可能非常痛苦。

某個星期三早上剛過十一點，我一個非常親近的大學朋友打了電話給我。我有點意外會在工作時間接到她的電話，因為她是一名德高望重的律師，但我還是樂意接起電話。

「嘿，你現在有時間嗎？」她很快地問。我聽得出來，她懷著一肚子沉重的心事。

「當然，怎麼了？」

「卡蜜昨天晚上崩潰了。」卡蜜是她四年級的女兒。我的朋友告訴我，卡蜜整頓晚餐都非常緊繃，然後在睡前大哭了起來。當媽媽哄她上床睡覺時，她告訴媽媽，學校裡的女生都在嘲笑她的外表。

「她們好像是說她的鼻子太尖了，還問她為什麼不把腿上的毛剃掉。」我朋友陰鬱地補充道：「我很生氣她們這樣說她。我告訴她這樣是她們不好，不要理她們就好了。但今天早上，我還是發現她們說的話真的讓她很受傷。」

我們討論了跟老師以及那些女生的父母聯絡的可能性，然後達成共識：卡蜜應該在母親採取任何行動之前先進行諮商。此刻，我想試著幫助我的朋友還有她甜美、受傷的女兒。

「今天晚上，等事情都忙完之後，」我開口，「找個時間和她聊聊。拿一張紙和一支筆，說你要來畫一張『卡蜜的圓餅圖』。」雖然微笑沒有聲音，但我知道，我朋友正在電話的另一頭露出微笑。我告訴她，這張圓餅圖要叫做「卡蜜的重要特質」。

「在圈圈裡切出很小很小的一部分，然後告訴她，這是外表的比重。然後和她慢慢把那張圖表畫完，在圓餅圖裡寫下所有代表她這個可愛孩子的形容詞。」

「她一定會喜歡的。」我朋友說。「而且她會馬上就懂了。她有那麼多優點……有那麼多可以產生自信的特質。」

隔天，我收到朋友的電子郵件，告訴我事情的發展。她說卡蜜比她預期的更快就掌握到訣竅，並快樂地在圓餅圖中寫下許多她喜歡自己的部分。我朋友補充道，等卡蜜畫完自己的圓餅圖，又多畫了第二個。她告訴媽媽，第二個圓餅圖的標題叫做「學校裡的壞女生覺得重要的東西」，然後就畫了對照圖。在圈圈的大部分範圍裡，她寫上「外表」兩個字，而小小的那一塊裡面，她則寫上「其他的全部」。最棒的是，在睡前，卡蜜指著那第二張圖，大聲說道：「所以我才不跟她們一起玩。」

如果女兒的年紀已經大到不適用圓餅圖了，你還是有很多方式可以幫助她用懷疑的眼光看待文化中對女性外表的在意程度。舉例來說，我們可以和女兒一起觀察，這個世界多常評斷那些成名女性的外表。我們可以說：「為什麼網路上大家都在討論那個歌手素顏有多漂亮，而不是討論她是怎麼成為這個世代最厲害的藝人之一？」或者是：「那個女人可是主導美國外交事務的大官，所以當媒體決定討論她最新的髮型時，這代表了什麼？」雖然這應該不言而喻，但我們必須特別留意，我們誇讚女兒贏得的成就的時刻至少要和誇讚她們的外表一樣多（或者應該要多很多），例如她們在學校的努力、優秀的運動能力、對社群團體所帶來的正面影響。幫助她們把自己的價值定義在她們可以培養和掌控的特質上，就能減低女孩的焦慮感。

「每個女孩都很美」會有反效果

女孩得到這樣的訊息：她們的外表佔自我價值很大一部分。好像這一點還不夠致命一樣，她們也逐漸了解，我們的文化理想中對女性美的定義非常狹窄。多虧於此，我們有一大堆研究可以證明，女孩光是看著媒體塑造的典範，都會對自己的外表感到不安。最好的狀況是，女兒會花太多時間在關注自己已經知道的缺點。最糟的是，她們有時候會用不健康且危險的方式，比如極端的飲食控制或運動，讓自己的身體能更貼近一個不可能達到的理想狀態。

我要就這一點補充，我們現在養育的這一代兒女是史上最深陷在各種照片裡的一代。

除了傳統媒體之外，她們還不斷在接收數以百計（如果不是千計的話）朋友在網路上張貼的照片。她們在這些照片裡看到了什麼呢？女孩們在展現自己的外表，想要複製職業模特兒的完美外貌，並費盡心思想讓自己的照片得到更多讚和愛心。

這件事並不容易。在一個讓許多女孩覺得自己長得不夠好看的文化中，我們得幫助女兒對自己的感覺更好。為了做到這一點，我們通常會選用最老套的方式，向女兒保證她們很漂亮。這個策略的出發點是好的，我媽媽在我身上用過，許多媽媽也都這樣安慰她們的女兒。但是，最近我開始懷疑我們是不是該換個作法。

我當然致力於宣揚人類各種形式的美麗，並教導女孩「吸引力」這件事有無限多種形式，但我們必須知道，告訴女孩美麗有很多種類，並不總能消減她們對自己外表的緊張。首先，很多女孩就是不信這句話。我們的女兒會自己透過雙眼，看見文化是如何宣揚某種身體形象並貶低其他形象。確實，大部分成年女性也不相信所謂的「每個人都很美」這句話。一份針對多樣化美國女性的大範圍調查發現，有百分之九十一的女性不喜歡自己的體態。當成年女性都無法阻絕荒唐的審美標準，我們實在不能期待女孩們能做到。

許多研究都一再顯示出，非裔美國女性比白人、南美裔或是亞裔更喜歡自己的外表一點。但弔詭的是，非裔美國女性（和南美裔、亞裔、印地安裔女性）和白人女性都曾經試過不健康的節食方法。簡而言之，削瘦的模範女性形象會影響所有年齡、膚色、種族的女性看待自己的方式，不管我們有多希望這不是真的。

當我想到卡蜜的媽媽打來的那通電話，我發現我應該抑制說這句話的衝動：「跟卡蜜說我超愛她的鼻子！告訴她，她是最漂亮的！」這些話當然是好話，但是我擔心急著告訴自我審視得很嚴重的女兒她有多美，其實是在強調「吸引人是很重要的」這個有害的前提。

當然，大部分的家長都會告訴女兒她很漂亮。因為對我們來說，她們的確是。在我自己家中，我有時候也會忍不住對女兒說：「你看起來好美！」我也不想刻意壓抑自己不由自主地表達對她們的喜愛之情。因此在某些時刻，我會再加上一句：「但不管你看起來怎麼樣，你我都知道你的外表是你身上最不重要的特點之一。你有趣、體貼而且努力，這才是讓你這麼特別的原因。」每一次我這麼說，我女兒都會翻白眼，但我不介意。我知道她們翻白眼是因為她們聽見了。

我們不希望女兒對自己的外表感到灰心，但我們應該要平衡對她們的外表以及她們對這世界帶來的其他部分的熱情。用這個角度來看吧：如果一個女孩因為覺得自己外表出眾而充滿自信，這是我們希望的結果嗎？我當然不想剝奪女孩覺得自己漂亮的快樂——穿上好看的衣服、嘗試各種彩妝、美髮，的確都會帶來真正的快樂——但我們必須銘記在心的是，如果一個人的自信是來自於外表，那他就是把自信建立在這個人最表面的特質上。幸好，我們的女兒還有許多健康的方法，可以對自己的身體產生對外表以外的好感。

欣賞身體的功能，而不是形狀

研究一再顯示，參與運動會改善女孩對自己身體的感覺。這些研究結果確實很激勵人心，但是也有人爭論一個重要的問題：運動員女孩對自己的身體感覺良好，是不是因為她們勻稱的體型更接近我們文化中的理想型？為了證明這個可能性，一份大規模研究詢問青少女覺得自己的身體看起來怎麼樣，還有她們對自己的身體功能有什麼感覺。

研究結果是這樣的：有參與組織活動（例如團隊運動）的女孩，對於身體的功能層面更自豪，其他單純規律運動的女孩或是沒有運動的女孩就不是如此。換句話說，有組織的運動項目，包含技巧訓練、合作以及共同的目標，可以幫助女孩對自己的身體能力產生好感。研究的另一項重要結果則是，女孩參與的活動若十分強調身體外型，例如舞蹈和體操，會讓女孩的自豪程度比起專注於速度、力量和技巧的其他運動少了一些。這些結果和其他研究的結果相近，顯示參與需要注重外表美感的運動，其實會讓女孩對自己的身體產生較負面的想法。

這個研究給我們的教誨是什麼呢？簡而言之，如果我們有時間、有錢、有精力或是其他資源，我們可以鼓勵女兒參加講求技巧的運動活動，讓她們對自己的身體功能產生信心。如果我們要在排球和芭蕾之間選一個，或是游泳和體操，研究建議我們選擇團隊運動，而非以外表為中心的運動。研究也顯示，就算你的女兒不想太投入運動，你也應該幫助她找一些方式保持身體活動。這不僅會讓她對自己的身體感覺變好，也對她的健康有益。

值得高興的是，還有一個辦法讓女孩看重她的身體：讓她知道身體的感受是很好的。家長有時很難開口欣賞女兒逐漸成熟的感官享受，因為這麼做很容易太接近令人尷尬的性傾向話題。所以我們可以從小地方著手。下一次，當你拿起一條高級的護手霜，請和你的女兒一起享受它美好的氣味，以及在你手上的觸感有多好。如果她有興趣，也讓她一起使用。認真品嚐你最喜歡的食物，並鼓勵她做一樣的事。想辦法享受在冬天時一同擠在厚重毛毯下的感覺，或是運動，或是梳子滑過她頭髮時的感受。你們不需要感到尷尬或刻意，只需要記得，我們希望女兒能夠找到許多方法，從裡到外都享受自己的身體。

重要的是，身為父母，我們有責任對抗文化中不斷透露外表有多重要的訊息。首先，我們可以特別強調女孩與女人內在的重要特質，而非表面的外表特質。我們可以給女兒看諾貝爾得主寫的科學文章，並跳過大家評論她領獎時穿著的文章。當女兒長大後，我們可以拿那篇討論科學家穿著的文章，幫助女兒發覺其中的荒謬。當我們討論到女兒的身體時，我們可以專注在她的身體機能和她的身體感官，而不是討論它看起來如何。

在我的理想世界中，我們會停止批判女孩，而女孩會停止批判自己，停止用外表來批判自己。至於現在，這個挑戰仍需要我們持續關注。但事實上，這個問題的重量就和其他問題一樣，並不是平等地分布在我們文化中所有的女孩和年輕女性身上。

偏見的威力

屬於弱勢種族或僑民的女性都要面對這本書中提到的每一種壓力環境。但這些少數族群的女性和白人女孩（台灣則是較多數的華人）不同，她們還要承受歧視所帶來的影響。有些時候，她們要面對的是言語污辱、騷擾、威脅或是其他更糟的對待。她們也會頻繁地受到潛在的偏見帶來的消耗，不論對方是有意或無意。舉例來說，聰明的少數族群女孩可能會發現老師對她們的學術表現感到訝異。在美國的亞裔女孩可能會發現老師很意外她們的數學不好。陌生人會問在美國出生的少數族群女孩說：「你們到底是從哪裡來的啊？」有些商店老闆會在少數族群女孩購物時緊盯著她們。但這些持續不斷又讓人身心俱疲的經驗，卻被那些充滿好意的人用一句話打發掉了：「我完全不在意膚色啊。」

學者們仔細地記載了生活在偏見中帶來的慢性情緒與心理壓力。直接的種族歧視和仇外情感會帶來恐懼與害怕，但研究告訴我們，沒有那麼明顯的偏見也會帶來沉重的代價。聽到別人對她們說：「只要努力，每個人都能成功。」或是被人問到：「我怎麼可能種族歧視？我有很多朋友是黑人啊！」通常會讓少數族群的女性花費許多精神，理解這樣的互動代表什麼，或是她們該怎麼回應。

我的其中一個當事人名叫坎卓，是一名非裔女孩，她的經歷就讓我更能體會少數族群受到的長期、低程度輕視。我第一次見到坎卓時，她才九歲，她四十七歲的叔叔因心臟病過世後，父母便來尋求我的幫助。她和叔叔的感情很好，這樣的驟逝讓她害怕爸爸也會用同樣的方式離開她。

我們一起面對了坎卓的恐懼，並在接下來的幾年中，依她的要求不斷進行會談。當她八年級時，坎卓問她爸媽我們是否能進行幾次談話，好讓她優雅地從一段痛苦的友情中全身而退。在那些會談的過程中，某一次的午後會面，她看起來陰鬱得不同以往。這次的會談前，坎卓才剛結束國中的足球隊練習。她穿著黑色慢跑褲和粉紅色運動衫，頭髮向後編成辮子。她的表情嚴肅而痛苦，我從來沒有見過她這樣。

「你還好嗎？」在她坐下後，我立刻問道。

「我不知道。」她猶豫地說。她停頓了很久，然後解釋道：「只是足球隊的助理教練一直把我的名字跟隊上的另一個黑人女生混在一起。」

我很高興她願意把種族的議題帶到我們的會談中，我也很想告訴她，雖然我是白人女性，我想我還是有辦法幫助她。

我用中立的口吻問道：「我猜你的教練是白人囉？」

「對。」坎卓說。「她人很好啦。我只是不知道要怎麼辦。我覺得我應該要糾正她，但我需要想個方式，才不會聽起來像在罵她。」

那天接下來的會談時間，我們討論了幾個她可以用的點子。雖然我們幾乎可以肯定這個教練不是故意的，但是這讓坎卓覺得自己比隊上的白人更沒價值。更糟的是，坎卓還認為自己應該負責找一個有效又成熟的方式來解決這個問題。最後，我們決定，下次教練再叫錯名字時，坎卓就用禮貌但堅定的聲音說：「我是坎卓。」這個選擇並不讓人感到特別舒服，但這已經比我們想到的其他方法都好了。

後來，等她進了高中，坎卓又告訴我，在她選的一些先修課程中，如果不是已經認識她的老師上的課，她就得一切從頭來過。

「他們認為白人小孩就是比較聰明，但我好像每次都要重新證明自己，就算我從來沒有拿過九十分以下。」先修課程已經夠難了。對坎卓來說，她還多了需要證明自己有權利坐在那間教室裡的壓力。

坎卓的聰明才智和努力讓她進了普林斯頓大學。在她大一的寒假，某天她順路造訪了我的辦公室。

「一切都還好嗎？」我很高興能見到她。這就是當一位心理醫生有趣的地方：我投入大量心力在當事人們的人生中，但只有在她們願意和我分享時，我才能得知她們的近況。

「還不錯吧。我在學業上表現得很棒。我喜歡我上的課，也準備得很好。」然後她的聲音變得有些憂鬱。「但社交的部分就有點複雜了。我有幾個很好的朋友，有些是黑人，有些是白人，她們是那種我覺得可以深交很多年的人。」

「但是……」我起頭。

「但是……我有時候還是會很意外有些人表現得好像我不屬於那裡。或者說，好像我錄取那間學校只是因為我是黑人。雖然很隱晦，但我還是感覺得到。老實說，我以為進了普林斯頓，事情就會不一樣了。為什麼我努力了這麼久，卻還是要應付這種事？」

對少數族群的女孩來說，有個支持她的家庭在背後守護她，會減少偏見所造成的影響。雖然我希望她從來就不需要經歷這些，但我很高興坎卓有一對友善而深思熟慮的父母，還有一群堅定的朋友，能在一路上給予她協助。不論如何，我們都應該要認知到，處於文化優勢的人們，應該扛起為弱勢族群破除歧視的責任。

這艘船上的所有人都必須認清，我們是如何增加了這些歧視所帶來的影響，就算我們是無意的也一樣。除此之外，我們也應該要找個方法使少數民族的旅程更加平順。我們必須願意正視關於偏見的痛苦現實，而我承認，這是個充滿爭議的敏感工作。事實是，連在這裡提到這件事，都讓我很焦慮：我怕我沒辦法公正地闡述這個議題，也怕我會不小心顯得太冒犯。

一部分的我想要遠離歧視的話題，而作為文化中的優勢族群，這是我可以做出的選擇。但在寫這本書的過程中，我學到一件事，那就是我們不該逃避不舒服的狀況。當我們正面迎戰讓我們不舒服的話題，並幫助我們的女兒學習這麼做，我們會發現，焦慮通常是在警告我們有事情不對勁，還有，焦慮是伴隨成長與改變而生的。

結論

各種挑戰從四面八方攻擊著我們的女兒。女孩會擔心自己和我們的關係，也擔心和朋友的關係；她們會踏入不穩定的戀愛世界中；她們要面對有時過度疲乏的學校生活；她們也必須和大文化的期待角力，因為人們期望女孩隨和、透明又充滿魅力。這些困境並不是一兩天的事。但現代科技將女孩捆綁在一台高速行駛的社群網站雲霄飛車上，她們幾乎沒有下車的餘地。她們生活在二十四小時不間斷的新聞循環中，讓最平和的人也膽顫心驚。尤其當這些困境在女兒的生活中運作得比過去任何時代還快的時候，更顯得難以抵擋。

我們的女兒在這麼多的壓力下不斷受到焦慮的侵擾，感到緊張和不開心，也就不那麼難理解了。身為家長，沒有什麼比看著孩子飽受壓力折磨更難過了。在這些時刻，我們想要傾盡全力幫助女兒感到舒服些。我們的直覺也許會告訴我們，要拯救女兒脫離造成她不適的源頭，保護她遠離讓她不自在的原因。

如果照著這樣的直覺行動會有用的話，我就不用寫這本書，你也不需要讀這本書了。

緊張和混亂是兩種奇怪的存在，它們不會因為女兒迴避就消失。事實上，當我們試圖逃離壓力與恐懼時，它們只會佔據更大片的新領地。

只有在我們選擇正視壓力和焦慮的時候，才有辦法解決。我們只能幫助女兒正面迎戰，有時候甚至只能接受這兩個因素是日常生活的一部分。她們應該要問的是：「這些壓力的來源是什麼？」以及：「為什麼我這麼焦慮？」這兩個問題能幫助女兒處理她們每日面對的挑戰，因為問題的答案能讓她們取得掌控力。

當女兒的能力被推到極限的時候，壓力就會出現。它幾乎總是能幫助女孩成長。只要我們的女兒知道該如何紓壓，而且面對的要求也不是遠超過她們的情緒與智力能承受的範圍，她們就應該認知到，這樣被推離舒適圈的狀態，能夠讓她增長力量與耐力。

我們現在也知道，焦慮感通常是個充滿善意的信差。它會警告你的女兒有些事情不對勁，或者她可能要小心謹慎才能確保安全。當然，有些女孩的焦慮感即便在沒有危險的情況下，也會一直提供一些無用的訊息。但大部分的時候，我們和女兒都應該將焦慮感視為夥伴，而不是敵人，並想辦法找出它想警告我們的事情。

這個世界比以往都更要求我們的女兒，卻也提供了更多優勢給她們。身為父母，我們可以幫助女兒在面對無法避免的挑戰與機會時，不致退卻，而可以勇往直前。

因為學會面對恐懼的女孩，會發現自己有多麼勇敢。

後記

如果不是我的經紀人蓋爾．羅斯孜孜不倦的努力，和我的編輯蘇珊娜．波特的智慧與勤勉，這本書很可能不會存在。我很幸運地得到這兩人超群的天賦協助，還有他們在羅斯經紀公司及藍燈書屋的強大團隊。

這份書稿的最終版本，有幸能在幾位朋友和同事的早期回饋下獲得長足的改善。感謝丹尼爾及珍妮佛．寇爾、麗莎．赫夫曼、戴維達．潘斯以及艾米．維瑟慷慨地分享他們的時間與看法。另外，也特別感謝我優秀的研究助理，亞曼達．布拉克，用無盡的熱情幫助我修改這本書，並且為我裡面引用的文獻做註解。

我的思緒不斷在與以下心理學家的對話中精進與改變：雅提．派蒂、艾莉卡．史多佛．懷特，特別是多莉．寇迪亞諾，她在初稿時期就提供我極佳的意見，作為我同一個辦公室的同事，她也不斷忍受我打斷她的工作，討論專業、個人，或者有時候只是覺得有趣的各種主題。我也要感謝我在對女孩充滿愛與尊重的羅倫女子學校的工作經驗，這裡的校長安．V．寇茲對教育有無限熱忱，以這些女孩們的心智為志業，而她的用心也使整個學校社群充滿了活力。我很驕傲自己是這個社群的一份子。

感謝我優秀的朋友們，包含海蒂．卡勒威、安妮．可山、艾莉絲．麥可，以及卡羅．崔基亞諾，還有我親愛的家人，從頭到尾都給我滿滿的鼓勵。我親愛的丈夫戴倫，比任何人都更積極地給我無盡的支持。他不只是最有責任感的伴侶，也是我們女兒最棒的父親，也肩負我額外加在他身上的更多角色：啦啦隊、意見徵詢人還有第一手讀者。我希望自己能配得上他。

多虧所有優秀的當事人和學者們，我身為心理學家的訓練才得已精進，而我感謝每一個人引導我走進我這輩子唯一的志業。在這本書裡，我的想法和其他人的優秀成果交織在一起，我也致力於將所有讀到的知識發揮出來。如有任何錯誤或不周之處，皆為我個人的疏失。

最後，我要將無邊無境的感謝，獻給我在心理醫生的執業過程中遇到的每一位女孩和年輕女性。她們的品行、活力與深度，提供我無限的靈感與驚嘆。

參考資料

題詞

It is not the presence Freud, A. (1965). *Normality and Pathology in Childhood: Assessments of development.* Madison, WI: International Universities Press, pp. 135–36.

For the ease of the reader, I twice removed the term *ego* from this quotation as it has an idiosyncratic meaning in psychoanalytic texts, and removing it does not alter the meaning of Ms. Freud' s words.

序

- symptoms of chronic tension Anderson, N. B., Belar, C. D., Breckler, S. J., et al. (2014). *Stress in America™: Are teens adopting adults' stress habits?* (Rep.). Washington, DC: American Psychological Association.
- experiencing emotional problems Collishaw, S. (2015). Annual research review: Secular trends in child and adolescent mental health. *Journal of Child Psychology and Psychiatry* 56 (3), 370–93.
  Mojtabai, R., Olfson, M., and Han, B. (2016). National trends in the prevalence and treatment of depression in adolescents and young adults. *Pediatrics* 138 (6), e20161878.
- anxious is on the rise Calling, S., Midlov, P., Johansson, S-E., et al. (2017). Longitudinal trends in self-reported anxiety.

Effects of age and birth cohort during 25 years. *BMC Psychiatry* 17 (1), 1–11.

Tate, E. (2017, March 29). Anxiety on the rise. Retrieved from insidehighered.com/news/2017/03/29/anxiety-and-depression-are-primary--concerns-students-seeking-counseling-services.

- psychological stress and tension Burstein, M., Beesdo-Baum, K., He, J.-P., and Merikangas, K. R. (2014). Threshold and subthreshold generalized anxiety disorder among US adolescents: Prevalence, sociodemographic, and clinical characteristics. *Psychological Medicine* 44 (11), 2351–62.

Merikangas, K. R., He, J., Burstein, M., et al. (2010). Lifetime prevalence of mental disorders in US adolescents: Results from the national comorbidity study—adolescent supplement (NCS-A). *Journal of the American Academy of Child and Adolescent Psychiatry* 49 (10), 980–89.

Kessler, R. C., Avenevoli, S., Costello, E. J., et al. (2012). Prevalence, persistence, and sociodemographic correlates of *DSM-IV* disorders in the national comorbidity survey replication adolescent supplement. *Archives of General Psychiatry* 69 (4), 372–80.

- 31 percent of girls Calling, S., Midlov, P., Johansson, S-E., et al. (2017). Longitudinal trends in self-reported anxiety. Effects of age and birth cohort during 25 years. *BMC Psychiatry* 17 (1), 1–11.

The gender ratios reported by Calling and colleagues are echoed in the study by Kessler and colleagues, which finds that anxiety disorders are between 1.5 and 2.5 times more likely to occur in girls than in boys.

- symptoms of psychological strain Anderson, Belar, Breckler, et al. (2014).
- jumped by 55 percent Fink, E., Patalay, P., Sharpe, H., et al. (2015). Mental health difficulties in early adolescence: A comparison of two cross-sectional studies in England from 2009–2014. *Journal of Adolescent Health* 56 (5), 502–7.
- faster pace in girls Calling, Midlov, Johansson, et al. (2017).

Van Droogenbroeck, F., Spruyt, B., and Keppens, G. (2018). Gender differences in mental health problems among adolescents and the role of social support: Results from the Belgian health interview surveys 2008 and 2013. *BMC*

Psychiatry 18 (1), 1–-9.

- from thirteen to seventeen Mojtabai, R., Olfson, M., and Han, B. (2016). National trends in the prevalence and treatment of depression in adolescents and young adults. *Pediatrics* 138 (6), e20161878.
- three times more likely Breslau, J., Gilman, S. E., Stein, B. D., et al. (2017). Sex differences in recent first-onset depression in an epidemiological sample of adolescents. *Translational Psychiatry* 7 (5), e1139.
- 43 percent more likely American College Health Association. (2014). *American College Health Association—National College Health Assessment II: Reference group executive summary*. Hanover, MD: American College Health Association.
- seeing something new Collishaw. (2015).
- simply more willing MacLean, A., Sweeting, H., and Hunt, K. (2010). "Rules" for boys, "guidelines" for girls. *Social Science and Medicine* 70 (4), 597–604.
- doing in school Giota, J., and Gustafsson, J. (2017). Perceived demands of schooling, stress and mental health: Changes from grade 6 to grade 9 as a function of gender and cognitive ability. *Stress and Health* 33 (3), 253–66.
- how they look Zimmer-Gembeck, M., Webb, H., Farrell, L., and Waters, A. (2018). Girls' and boys' trajectories of appearance anxiety from age 10 to 15 years are associated with earlier maturation and appearance-related teasing. *Development and Psychopathology* 30 (1), 337–50.
- to be cyberbullied Kessel Schneider, S., O'Donnell, L., and Smith, E. (2015). Trends in cyberbullying and school bullying victimization in a regional census of high school students. *The Journal of School Health* 85 (9), 611–20.
- dwell on the emotional injuries Paquette, J. A., and Underwood, M. K. (1999). Gender differences in young adolescents' experiences of peer victimization: Social and physical aggression. *Merrill-Palmer Quarterly* 45 (2), 242–66.
- age of puberty for girls Biro, F. M., Galvez, M. P., Greenspan, L. C., et al. (2010). Pubertal assessment method and

baseline characteristics in a mixed longitudinal study of girls. *Pediatrics* 126 (3), e583–90.

- thongs and push-up bikini tops Zurbriggen, E. L., Collins, R. L., Lamb, S., et al. (2007). *Report on the APA task force on the sexualization of girls. Executive summary*. Washington, DC: American Psychological Association. Abercrombie and Fitch sells push-up bikini tops to little girls. (2011, March 28). Retrieved from parenting.com/article/abercrombie-fitch-sells-push-up-bikinis-to--little-girls.

Chapter 1 壓力與焦慮

- demonstrate higher-than-average Wu, G., Feder, A., Cohen, A., et al. (2013). Understanding resilience. *Frontiers in Behavioral Neuroscience* 7 (10), 1–15.
- three distinct domains Psychologists also recognize the important category of traumatic stress, which applies to overwhelming, upsetting events that completely outmatch an individual's coping abilities, a critical topic that exceeds the scope of this book.
- event that requires adaptation Buccheri, T., Musaad, S., Bost, K. K., et al. (2018). Development and assessment of stressful life events subscales—A preliminary analysis. *Journal of Affective Disorders* 226, 178–87.
- daily hassles triggered Johnson, J. G., and Sherman, M. F. (1997). Daily hassles mediate the relationship between major life events and psychiatric symptomatology: Longitudinal findings from an adolescent sample. *Journal of Social and Clinical Psychology* 16 (4), 389–404.
- Enduring chronic stress Kim, P., Evans, G. W., Angstadt, M., et al. (2013). Effects of childhood poverty and chronic stress on emotion regulatory brain function in adulthood. *Proceedings of the National Academy of Sciences* 110 (46), 18442–47.
- two grave and persistent Compas, B. E., Desjardins, L., Vannatta, K., et al. (2014). Children and adolescents coping

with cancer: Self- and parent reports of coping and anxiety/depression. *Health Psychology* 33 (8), 853–61.

Compas, B. E., Forehand, R., Thigpen, J., et al. (2015). Efficacy and moderators of a family group cognitive-behavioral preventive intervention for children of depressed parents. *Journal of Consulting and Clinical Psychology* 83 (3), 541–53.

- Almost simultaneously Actually, there's an extremely long-running debate in the history of psychology about where emotions come from. In the late 1800s William James, a man dubbed the "Father of American Psychology" (and whom you might also know as the brother of the novelist Henry), proposed that we make decisions about what we are feeling based on our physical sensations or, in his words, "organic changes, muscular and visceral" [James, W. (1894). The physical basis of emotion. *Psychological Review* 1 (7), 516–29]. Put simply, when our heart starts to gallop, we realize that we must feel afraid.

  Since then, several modifications to James's theory have been proposed. Some psychologists have argued that our physical and emotional reactions occur simultaneously, not in sequence, while others have pointed out that we often rely on situational cues to decide what to make of our physical sensations [Moors, A. (2009). Theories of emotion causation. *Cognition and Emotion* 23 (4), 625–62]. For instance, a girl who is exercising will likely interpret her pounding heart as a sign that she's getting a good workout. But if her heart starts racing when she's next up to give a speech, she may conclude that she's feeling anxious. Theoretical debates aside, all psychologists agree that physical and emotional experiences are closely intertwined, and that our *interpretation* of our physical reactions can determine whether we experience anxiety ("I'm panicking! I'm gonna blow this speech!") or another emotion altogether ("Wow, I must be very excited about giving this speech!").
- a cardiac event Fleet, R. P., Lavoie, K. L., Martel, J., et al. (2003). Two-year follow-up status of emergency department patients with chest pain: Was it panic disorder? *Canadian Journal of Emergency Medicine* 5 (4), 247–54.
- nearly 30 percent Kessler, R. C., Chiu, W. T., Jin, R., et al. (2006). The epidemiology of panic attacks, panic disorder,

and agoraphobia in the national comorbidity survey replication. *Archives of General Psychiatry* 63 (4), 415–24.

- we diagnose panic disorder You may have noted that obsessive-compulsive disorder (OCD) and post-traumatic stress disorder (PTSD) are not included among the anxiety disorders addressed here. Though anxiety is a critical feature of both disorders, they are no longer classified with the anxiety disorders as of the publication of the fifth edition of the *Diagnostic and Statistical Manual* (*DSM-5*) in 2013. PTSD now belongs to a new category, trauma and stressor-related disorders, and OCD belongs to another new category, obsessive-compulsive and related disorders. The relocation of these diagnoses highlights two important facts.

  First, psychological and psychiatric diagnosis does not "cleave nature at its joints," as Carl Linnaeus, an eighteenth-century scholar, hoped scientific taxonomies might do. The boundaries between the various psychological disorders are often blurry and the decision to locate a diagnosis with one group or another can be somewhat arbitrary. For example, anorexia nervosa is housed, not surprisingly, with the feeding and eating disorders, but the argument is occasionally made that it has more in common with obsessive-compulsive phenomena (e.g., the obsessive belief that one is overweight and the accompanying behavioral compulsion to diet and/or exercise to excess).

  Second, anxiety is a component in a great number of disorders that make their home outside of the anxiety disorders section of the *DSM-5*. Given that anxiety alerts us when something is amiss, it makes sense that anxiety appears on the symptom lists for distressing afflictions such as depression with anxious distress, illness anxiety disorder (hypochondria in layperson's terms), and borderline personality disorder. Even when anxiety doesn't play the lead role in a diagnosis, it often has a supporting part.
- can run in families We know that some anxiety disorders are more likely to run in families than others and that genes appear to play an especially potent role in panic disorder.

  Reif, A., Richter, J., Straube, B., et al. (2014). MAOA and mechanisms of panic disorder revisited: From bench to molecular psychotherapy. *Molecular Psychiatry* 19 (1), 122–28.

- tailored and systematic approach Stewart, R. E., and Chambless, D. L. (2009). Cognitive-behavioral therapy for adult anxiety disorders in clinical practice: A meta--analysis of effectiveness studies. *Journal of Consulting and Clinical Psychology* 77 (4), 595–606.
- outside of our awareness Göttken, T., White, L. O., Klein, A. M., et al. (2014). Short--term psychoanalytic child therapy for anxious children: A pilot study. *Psychotherapy* 51 (1), 148–58.
- twice as likely as boys McLean, C. P., and Anderson, E. R. (2009). Brave men and timid women? A review of the gender differences in fear and anxiety. *Clinical Psychology Review* 29 (6), 496–505.
- premenstrual hormonal shifts Farange, M. A., Osborn, T. W., and McLean, A. B. (2008). Cognitive, sensory, and emotional changes associated with the menstrual cycle: A review. *Archives of Gynecology and Obstetrics* 278 (4), 299–307.
- drop in estrogen Kaspi, S. P., Otto, M. W., Pollack, M. H., et al. (1994). Premenstrual exacerbation of symptoms in women with panic disorder. *Journal of Anxiety Disorders* 8 (2), 131–38.
- sustain or exacerbate Nillni, Y. I., Toufexis, D. J., and Rohan, K. J. (2011). Anxiety sensitivity, the menstrual cycle, and panic disorder: A putative neuroendocrine and psychological interaction. *Clinical Psychology Review* 31 (7), 1183–91.
- passed down to daughters Genetic models also help to explain why girls are especially anxiety-prone, though research in this area still has a lot of room to grow. For now, we know that the genetic vulnerability to anxiety disorders likely involves several genes working in concert.

Hettema, J. M., Prescott, C. A., Myers, J. M., et al. (2005). The structure of genetic and environmental risk factors for anxiety disorders in men and women. *Archives of General Psychiatry* 62 (2), 182–89.

Carlino, D., Francavilla, R., Baj, G., et al. (2015). Brain-derived neurotrophic factor serum levels in genetically isolated populations: Gender-specific association with anxiety disorder subtypes but not with anxiety levels or Val66Met polymorphism. PeerJ 3:e1252.

- prescription drugs can help Wehry, A. M., Beesdo-Baum, K., Hennelly, M. M., et al. (2015). Assessment and treatment of anxiety disorders in children and adolescents. *Current Psychiatry Reports* 17 (7), 1–19.
- medication is in use Otto, M. W., Tuby, K. S., Gould, R. A., et al. (2001). An effect--size analysis of the relative efficacy and tolerability of serotonin selective reuptake inhibitors for panic disorder. *The American Journal of Psychiatry* 158 (2), 1989–92.
- mindfulness practices have emerged Borquist-Conlon, D. S., Maynard, B. R., Esposito Brendel, K., and Farina, A. S. J. (2017). Mindfulness-based interventions for youth with anxiety: A systematic review and meta-analysis. *Research on Social Work Practic*e. doi.org/10.1177/1049731516684961.
- one of my favorite colleagues K. K. Novick, personal communication, September 1998.
- brain to the lungs Streeter, C. C., Gerbarg, P. L., Saper, R. B., et al. (2012). Effects of yoga on the autonomic nervous system, gamma-aminobutyric-acid, and allostasis in epilepsy, depression, and post-traumatic stress disorder. *Medical Hypotheses* 78 (5), 571–79.
- hack her own nervous system Just as we can voluntarily control our breath to help the brain calm down, we can deliberately reverse the physiological effects of anxiety by tensing and relaxing our muscles. Systematic muscle relaxation—deliberately contracting and releasing muscle groups in sequence—effectively reduces the amount of cortisol in the bloodstream. Cortisol is a stress hormone that the body releases as part of the fight-or-flight response, and research finds that the simple act of squeezing and then releasing muscle groups reduces cortisol far more than simply sitting quietly [Pawlow, L. A., and Jones, G. E. (2005). The impact of abbreviated progressive muscle relaxation on salivary cortisol and salivary immunoglobulin A (sIgA). *Applied Psychophysiology and Biofeedback* 30 (4), 375–87].

Chapter 2 女孩與家庭

- girls' school in Dallas I am indebted to the counseling staff at Ursuline Academy of Dallas for sharing their wisdom with me.
- spectacular renovation project Wenar, C., and Kerig, P. (2006). *Developmental Psychopathology*, 5th ed. Boston: McGraw-Hill.
- brain's emotional centers Casey, B. J., Jones, R. M., and Hare, T. A. (2008). The adolescent brain. *Annals of the New York Academy of Science* 1124 (1), 111–26.
- managing intractable stress Compas, B. E., Desjardins, L., Vannatta, K., et al. (2014). Children and adolescents coping with cancer: Self- and parent reports of coping and anxiety/depression. *Health Psychology* 33 (8), 853–61.
  Compas, B. E., Forehand, R., Thigpen, J., et al. (2015). Efficacy and moderators of a family group cognitive-behavioral preventive intervention for children of depressed parents. *Journal of Consulting and Clinical Psychology* 83 (3), 541–53.
- read our reactions Nolte, T., Guiney, J., Fonagy, P., et al. (2011). Interpersonal stress regulation and the development of anxiety disorders: An attachment-based developmental framework. *Frontiers in Behavioral Neuroscience* 5 (55), 1–21.
- very nervous themselves Borelli, J. L., Rasmussen, H. F., John, H. K. S., et al. (2015). Parental reactivity and the link between parent and child anxiety symptoms. *Journal of Child and Family Studies* 24 (10), 3130–44.
  Esbjørn, B. H., Pedersen, S. H., Daniel, S. I. F., et al. (2013). Anxiety levels in clinically referred children and their parents: Examining the unique influence of self-reported attachment styles and interview-based reflective functioning in mothers and fathers. *The British Journal of Clinical Psychology* 52 (4), 394–407.
- more war-ridden now Roser, M. (2018). War and peace. Retrieved from ourworldindata.org/war-and-peace.

- concerns about personal safety American Psychological Association. (2017). Stress in America: Coping with change, part 1.
- rates of violent crime Gramlich, J. (2017). Five facts about crime in the U.S. Pew Research Center.
  Uniform Crime Reporting, Federal Bureau of Investigation. (2016). Crime in the United States, Table 1A.
- teens of past generations Centers for Disease Control and Prevention. (2015). Trends in the prevalence of marijuana, cocaine, and other illegal drug use. National youth risk behavior survey: 1991–2015.
  Centers for Disease Control and Prevention. (2015). Trends in the prevalence of alcohol use. National youth risk behavior survey: 1991–2015.
- bike helmets and seatbelts Centers for Disease Control and Prevention. (2015). Trends in the prevalence of behaviors that contribute to unintentional injury. National youth risk behavior survey: 1991–2015.
- they do have sex Ibid.
- more common among adults National Institute on Drug Abuse. (2017). Monitoring the future survey: High school and youth trends.
  Han, B., Compton, W. M., Blanco, C., et al. (2017). Prescription opioid use, misuse, and use disorders in U.S. adults: 2015 national survey on drug use and health. *Annals of Internal Medicine* 167 (5), 293–301.
- Food and Drug Administration actually forbids Food and Drug Administration. (2017). Full-body CT scans—what you need to know.
- research on daily hassles Johnson, J. G., and Sherman, M. F. (1997). Daily hassles mediate the relationship between major life events and psychiatric symptomatology: Longitudinal findings from an adolescent sample. *Journal of Social and Clinical Psychology* 16 (4), 389–404.
- poverty causes unrelenting stress Vliegenthart, J., Noppe, G., van Rossum, E. F. C., et al. (2016). Socioeconomic status in children is associated with hair cortisol levels as a biological measure of chronic stress. *Psychoneuroendocrinology*

65, 9–14.

- rates of emotional problems Luthar, S., Small, P., and Ciciolla, L. (2018). Adolescents from upper middle class communities: Substance misuse and addiction across early adulthood. *Development and Psychopathology* 30 (1), 315–35.

  Luthar, S. S., and Becker, B. E. (2002). Privileged but pressured? A study of affluent youth. *Child Development* 73 (50), 1593–610.
- more likely to suffer Luthar, S. Speaking of psychology: The mental price of affluence. American Psychological Association, 2018, apa.org/research/action/speaking-of-psychology/affluence.aspx.
- intense achievement pressures Luthar, S. S., and Latendresse, S. J. (2005). Children of the affluent: Challenges to well-being. *Current Directions in Psychological Science* 14 (1), 49–53.
- physical and psychological distance Luthar, S. S., and D'Avanzo, K. (1999). Contextual factors in substance use: A study of suburban and inner-city adolescents. *Development and Psychopathology* 11 (4), 845–67.
- Terese Lund and Eric Dearing Lund, T., and Dearing, E. (2013). Is growing up affluent risky for adolescents or is the problem growing up in an affluent neighborhood? *Journal of Research on Adolescence* 23 (2), 274–82.

Chapter 3　女孩與女孩

- one of three categories Shiner, R. L., Buss, K. A., McClowry, S. G., et al. (2012). What is temperament *now*? Assessing progress in temperament research on the twenty--fifth anniversary of Goldsmith et al. (1987). *Child Development Perspectives* 6 (4), 436–44.
- landmark research conducted Kagan, J. (1998). Biology and the child. In N. Eisenberg (Ed.), *Handbook of Child Psychology*, vol. 3: *Social, emotional, and personality development*, 5th ed. New York: Wiley, pp. 177–236.

- brain wave patterns Calkins, S. D., Fox, N. A., and Marshall, T. R. (1996). Behavioral and physiological antecedents of inhibited and uninhibited behavior. *Child Development* 67 (2), 523–40.
- become more flexible Putman, S. P., Samson, A. V., and Rothbart, M. K. (2000). Child temperament and parenting. In V. J. Molfese and D. L. Molfese (Eds.), *Temperament and Personality Across the Life Span*. Mahwah, NJ: Erlbaum, pp. 255–77.
- identified the critical factor Chen, X., Hastings, P., Rubin, K., et al. (1998). Child--rearing attitudes and behavioral inhibition in Chinese and Canadian toddlers: A cross-cultural study. *Development and Psychology* 34 (4), 677–86.
  Chen, X., Rubin, K., and Li, Z. (1995). Social functioning and adjustment in Chinese children: A longitudinal study. *Development and Psychology* 31 (4), 531–39.
  Chess, S., and Thomas, R. (1984). *Origins and Evolution of Behavior Disorders*. New York: Brunner/Mazel.
- one or two solid friendships Waldrip, A. M., Malcolm, K. T., and Jensen-Campbell, L. A. (2008). With a little help from your friends: The importance of high-quality friendships on early adolescent development. *Social Development* 17 (4), 832–52.
  The research on this topic is complex, and there is certainly evidence that having a large social network improves the likelihood of having strong dyadic (one-on-one) friendships [Nagle, D. W., Erdley, C. A., Newman, J. E., et al. (2003). Popularity, friendship quantity, and friendship quality: Interactive influences on children's loneliness and depression. *Journal of Clinical Child and Adolescent Psychology* 32 (4), 546–55]. However, Waldrip, Malcolm, and Jensen-Campbell (2008, p. 847) found that "an adolescent who has at least one friend who offers support, protection, and intimacy is less likely to display problems after controlling for other important relationships as well as the number of friends. Based on these findings, it appears that friendship quality is indeed a unique predictor of an adolescent's adjustment."
- girls are more empathic Van der Graaff, J., Branje, S., De Weid, M., et al. (2014). Perspective taking and empathic

concern in adolescence: Gender differences in empathic changes. *Development and Psychology* 50 (3), 881–88.
Rueckert, L., Branch, B., and Doan, T. (2011). Are gender differences in empathy due to differences in emotional reactivity? *Psychology* 2 (6), 574–78.

- three forms of unhealthy This terrific terminology was shared with me by Jacqueline Beale-DelVecchio, a middle school teacher at Sacred Heart Academy in Chicago, after I presented to her middle school students on the topic of being assertive (as opposed to being passive or aggressive). I have since used the terminology Ms. Beale-DelVecchio shared with me in dozens of workshops with girls on how to handle conflict. They immediately latch on to the evocative metaphors and can put them to good use.
- opponent off balance Thanks go to the brilliant Elizabeth Stevens, an educator and aikido black belt, for sharing her martial arts expertise with me regarding this point.
- threw a problem This piece of wisdom was shared with me by the thoughtful educator Daniel Frank. He learned it from his grandmother, Martha Rahm White.
- stunted screen-zombies Livingstone, S. (2018). Book review. iGen: Why today's super-connected kids are growing up less rebellious, more tolerant, less happy—and completely unprepared for adulthood. *Journal of Children and Media* 12 (1), 118–23.
- enthralled by the peers (2014, March 11). Teens and Social Media? "It's Complicated." Retrieved February 3, 2018, from remakelearning.org/blog/2014/03/11/teens-and-social-media-its-complicated/.
- authorized their friends Deborah Banner, who teaches English at Marlborough School in Los Angeles, shared this excellent solution with me.
- less sleep than boys Maslowsky, J., and Ozer, E. J. (2014). Developmental trends in sleep duration in adolescence and young adulthood: Evidence from a national United States sample. *Journal of Adolescent Health* 54 (6), 691–97.
- sleep phase delay Ibid.

The reasons for the pubertal shift in the circadian cycle are not altogether clear. Experts note that this pattern is common among mammals and speculate that there may be an evolutionarily driven reproductive benefit to "staying up late socializing with peers . . . at a time of day that is not dominated by older individuals." [Hagenauer, M. H., and Lee, T. M. (2012). The neuroendocrine control of the circadian system: Adolescent chronotype. *Frontiers in Neuroendocrinology* 33 (3), 211–29, 225.]

- around age twelve Stöppler, M. C. Puberty: Stages and signs for boys and girls. Retrieved from medicinenet.com/puberty/article.htm.
- nine hours of sleep Johnson, E. O., Roth, T., Schultz, L., and Breslau, N. (2006). Epidemiology of DSM-IV insomnia in adolescence: Lifetime prevalence, chronicity, and an emergent gender difference. *Pediatrics* 117 (2), e247–e256.
- frazzled and brittle Shochat, T., Cohen-Zion, M., and Tzischinsky, O. (2014). Functional consequences of inadequate sleep in adolescents: A systematic review. *Sleep Medicine Reviews* 18 (1), 75–87.
- emitted by backlit screens Higuchi, S., Motohashi, Y., Liu, Y., et al. (2003). Effects of VDT tasks with a bright display at night on melatonin, core temperature, heart rate, and sleepiness. *Journal of Applied Physiology* 94 (5), 1773–76.
  Kozaki, T., Koga, S., Toda, N., et al. (2008). Effects of short wavelength control in polychromatic light sources on nocturnal melatonin secretion. *Neuroscience Letters* 439 (3), 256–59.
- incoming text messages Van den Bulck, J. (2003). Text messaging as a cause of sleep interruption in adolescents, evidence from a cross-sectional study. *Journal of Sleep Research* 12 (3), 263.
  Adachi-Mejia, A. M., Edwards, P. M., Gilbert-Diamond, D., et al. (2014). TXT me I'm only sleeping: Adolescents with mobile phones in their bedroom. *Family and Community Health* 37 (4), 252–57.
- access to a phone Vernon, L., Modecki, K. L., and Barber, B. L. (2018). Mobile phones in the bedroom: Trajectories of sleep habits and subsequent adolescent psychosocial development. *Child Development* 89 (1), 66–77.
- viewing the social media Vogel, E., Rose, J., Roberts, L., and Eckles, K. (2014). Social comparison, social media, and

self-esteem. *Psychology of Popular Media Culture* 3 (4), 206–22.

- result of their online Nesi, J., and Prinstein, M. J. (2015). Using social media for social comparison and feedback-seeking: Gender and popularity moderate associations with depressive symptoms. *Journal of Abnormal Child Psychology* 43 (8), 1427–38.
- show the "highlights reel" Walsh, J. (2018). *Adolescents and Their Social Media Narratives: A digital coming of age,* 1st ed. London: Routledge, p. 26.
- agenda behind the image Walsh, J. (2016, August 10). For teenage girls, swimsuit season never ends [Interview by L. Damour]. *The New York Times.*

Chapter 4 女孩與男孩

- half of all eighth- Axelrod, A., and Markow, D. (2001). *Hostile Hallways: Bullying, teasing, and sexual harassment in school* (Rep.). AAUW Educational Foundation: aauw.org/files/2013/02/hostile-hallways-bullying-teasing-and-sexual-harassment--in-school.pdf.
- not heterosexual are subjected Williams, T., Connolly, J., Pepler, D., and Craig, W. (2005). Peer victimization, social support, and psychosocial adjustment of sexual minority adolescents. *Journal of Youth and Adolescence* 34 (5), 471–82.

  lower levels of self-esteem Ormerod, A. J., Collinsworth, L. L., and Perry, L. A. (2008). Critical climate: Relations among sexual harassment, climate, and outcomes for high school girls and boys. *Psychology of Women Quarterly* 32 (2), 113–25.
- outcomes are intensified Gruber, J. E., and Fineran, S. (2008). Comparing the impact of bullying and sexual harassment victimization on the mental and physical health of adolescents. *Sex Roles* 59 (1–2), 1–13.

- protective school climate Espelage, D. L., Aragon, S. R., Birkett, M., and Koenig, B. W. (2008). Homophobic teasing, psychological outcomes, and sexual harassment among high school students: What influence do parents and schools have? School Psychology Review 37 (2), 202–16.
- likely to be bullied Fekkes, M., Pijpers, F. I. M., and Verloove-Vanhorick, S. P. (2004). Bullying: Who does what, when and where? Involvement of children, teachers and parents in bullying behavior. *Health Education Research* 20 (1), 81–91.

  Wang, J., Iannotti, R. J., and Nansel, T. R. (2009). School bullying among U.S. adolescents: Physical, verbal, relational, and cyber. *Journal of Adolescent Health* 45 (4), 368–75.
- rarely target guys Guerra, N. G., Williams, K. R., and Sadek, S. (2011). Understanding bullying and victimization during childhood and adolescence: A mixed methods study. *Child Development* 82 (1), 295–310.
- girls are disproportionately blamed Wang, J., Iannotti, R. J., and Nansel, T. R. (2009).
- undermine their academic performance Gruber, J., and Fineran, S. (2016). Sexual harassment, bullying, and school outcomes for high school girls and boys. Violence against Women 22 (1), 112–33.
- other way around Goldstein, S. E., Malanchuk, O., Davis-Kean, P. E., and Eccles, J. S. (2007). Risk factors for sexual harassment by peers: A longitudinal investigation of African American and European American adolescents. *Journal of Research on Adolescence* 17 (2), 285–300.
- reveals that girls harass Gruber, J., and Fineran, S. (2016).
- their own admission Reed, L. A., Tolman, R. M., and Ward, M. L. (2017). Gender matters: Experiences and consequences of digital dating abuse in adolescent dating relationships. *Journal of Adolescence* 59, 79–89.
- feeling more threatened Ormerod, A. J., Collinsworth, L. L., and Perry, L. A. (2008). Critical climate: Relations among sexual harassment, climate, and outcomes for high school girls and boys. *Psychology of Women Quarterly* 32 (2), 113–25.

Reed, L. A., Tolman, R. M., and Ward, M. L. (2017).

- something along these lines Fine, M., and McClelland, S. I. (2006). Sexuality education and desire: Still missing after all of these years. *Harvard Educational Review* 76 (3), 297–338.
- boys usually get a different Ott, M. A. (2010). Examining the development and sexual behavior of adolescent males. *Journal of Adolescent Health* 46 (4 Suppl), S3—11.
- derogatory sexualized term *Dog* is also an entrant into the category of words sometimes used to describe males who pursue meaningless flings with multiple partners. The term, however, seems not to be widely used at present, and its potency as a derogatory term for males is diminished by the multiple uses to which it is also put. For example, it is sometimes used as a term of familiarity among men (as in, "What's up, Dog?") and at other times used to describe an unattractive woman.
- report aptly titled Lippman, J. R., and Campbell, S. W. (2014). Damned if you do, damned if you don't . . . if you're a girl: Relational and normative contexts of adolescent sexting in the United States. *Journal of Children and Media* 8 (4), 371–86.
- This study, like others Temple, J. R., Le, V. D., van den Berg, P., et al. (2014). Brief report: Teen sexting and psychosocial health. Journal of Adolescence 37 (1), 33–36.
- "virtually immune from criticism," Lippman, J.R., and Campbell, S.W. (2014), p. 371.
- two-thirds of girls Thomas, S. E. (2018). "What should I do?" : Young women's reported dilemmas with nude photographs. *Sexuality Research and Social Policy* 15 (2), 192–207, doi.org/10.1007/s13178-017-0310-0.
- "develop meaningful relationships" Damour, L. (2017, January 11). Talking with both daughters and sons about sex. *The New York Times*. Retrieved from nytimes.com/2017/01/11/well/family/talking-about-sex-with-daughters-and--sons.html.
- likely to make compromises Tolman, D. L. (1999). Femininity as a barrier to positive sexual health for adolescent girls.

Journal of the American Medical Women's Association 53 (4), 133–38.

Kettrey, H. H. (2018). "Bad girls" say no and "good girls" say yes: Sexual subjectivity and participation in undesired sex during heterosexual college hookups. *Sexuality and Culture* 22 (3), 685–705, doi.org/10.1007/s12119-018-9498-2.

- less likely to use contraception Impett, E. A., Schooler, D., and Tolman, D. L. (2006). To be seen and not heard: Feminist ideology and adolescent girls' sexual health. *Archives of Sexual Behavior* 35 (2), 131–44.

  Zurbriggen, E. L., Collins, R. L., Lamb, S., et al. (2007). Report on the APA task force on the *Sexualization of Girls, Executive Summary*, American Psychological Association, Washington, DC.
- rates of teen pregnancies Schalet, A. (2004). Must we fear adolescent sexuality? *Medscape General Medicine* 6 (4), 44.
- sexual educations and attitudes Brugman, M., Caron, S. L., and Rademakers, J. (2010). Emerging adolescent sexuality: A comparison of American and Dutch college women's experiences. *International Journal of Sexual Health* 22 (1), 32–46.
- "made a plan together" Ibid., p. 39.
- "girl is a slut" Ibid., p. 43.
- elaborate norms for refusals Eslami, Z. (2010). Refusals: How to develop appropriate refusal strategies. In A. Martínez-Flor and E. Usó-Juan (Eds.), *Speech Act Performance: Theoretical, empirical and methodological issues (Language Learning and Language Teaching 26*, Amsterdam: John Benjamins), pp. 217–36.
- people decline requests Allami, H., and Naeimi, A. (2011). A cross-linguistic study of refusals: An analysis of pragmatic competence development in Iranian EFL learners. *Journal of Pragmatics* 43 (1), 385–406.

  Cameron, D. (2008). *The Myth of Mars and Venus*. Oxford: Oxford University Press.
- women in the study Kitzinger, C., and Frith, H. (1999). Just say no? The use of conversation analysis in developing a feminist perspective on sexual refusal. *Discourse and Society* 10 (3), 293–316, pp. 304–5.
- Language scholars note Ibid.

- a feminist linguist Cameron, D. (2008), p. 96.
- compared to young people Monto, M. A., and Carey, A. G. (2014). A new standard of sexual behavior? Are claims associated with the "hookup culture" supported by general survey data? *Journal of Sex Research* 51 (6), 605–15.
- most recent generation Ibid.
- had no sex since Twenge, J. M., Sherman, R. A., and Wells, B. E. (2017). Sexual inactivity during young adulthood is more common among U.S. millennials and iGen: Age, period, and cohort effects on having no sexual partners after age 18. *Archives of Sexual Behavior* 46 (2), 433–40.
- reported being virgins Centers for Disease Control and Prevention. (2015). Trends in the prevalence of sexual behaviors and HIV testing. National youth risk behavior survey: 1991–2015.
  Centers for Disease Control and Prevention. (2017). Youth Risk Behavior Survey Data. Available at cdc.gov/yrbs. Accessed on June 20, 2018.
- When asked to estimate Weissbourd, R., Anderson, T. R., Cashin, A., and McIntyre, J. (2017). *The talk: How adults can promote young people's healthy relationships and prevent misogyny and sexual harassment* (Rep.). Retrieved from mcc.gse.harvard.edu/files/gse-mcc/files/mcc_the_talk_final.pdf.
- 63 percent of men Garcia, J. R., Reiber, C., Merriwether, A. M., et al. (2010a, March). Touch me in the morning: Intimately affiliative gestures in uncommitted and romantic relationships. Paper presented at the Annual Conference of the NorthEastern Evolutionary Psychology Society, New Paltz, NY.
  Garcia, J. R., Reiber, C., Massey, S. G., and Merriwether, A. M. (2012). Sexual hookup culture: A review. *Review of General Psychology* 16 (2), 161–76.
- remaining 84 percent Weissbourd, R., Anderson, T.R., Cashin, A., and McIntyre, J. (2017).
- drive-by physical encounter LaBrie, J. W., Hummer, J. F., Ghaidarov, T. M., et al. (2014). Hooking up in the college context: The event-level effects of alcohol use and partner familiarity on hookup behaviors and contentment. *Journal of*

Sex Research 51 (1), 62–73.

- further things are likely Owen, J., Fincham, F. D., and Moore, J. (2011). Short-term prospective study of hooking up among college students. *Archives of Sexual Behavior* 40 (2), 331–41.
- drinking is more closely Owen, J., and Fincham, F. D. (2010). Effects of gender and psychosocial factors on "friends with benefits" relationships among young adults. *Archives of Sexual Behavior* 40 (2), 311–20.
- feel less inhibited Owen, J., Fincham, F. D., and Moore, J. (2011).
- 93 percent of boys Sabina, C., Wolak, J., and Finkelhor, D. (2008). The nature and dynamics of Internet pornography exposure for youth. *CyberPsychology and Behavior* 11 (6), 691–93.
- "mainstream commercial pornography" Sun, C., Bridges, A., Johnson, J. A., and Ezzell, M. B. (2016). Pornography and the male sexual script: An analysis of consumption and sexual relations. *Archives of Sexual Behavior* 45 (4), 983–84, p. 983.
- decreased enjoyment of real-life Ibid.
- practices that are common Lim, M. S., Carrotte, E. R., and Hellard, M. E. (2016). The impact of pornography on gender-based violence, sexual health and well-being: What do we know? *Journal of Epidemiology and Community Health* 70 (1), 3–5.
- frequency of anal sex Stenhammar, C., Ehrsson, Y. T., Åkerud, H., et al. (2015). Sexual and contraceptive behavior among female university students in Sweden—-repeated surveys over a 25-year period. *Acta Obstetricia et Gynecologica Scandinavica* 94 (3), 253–59.
- "common in pornography" Ibid., p. 258.
- negative or painful experience Stulthofer, A., and Ajdukovic, D. (2013). A mixed--methods exploration of women's experiences of anal intercourse: meanings related to pain and pleasure. *Archives of Sexual Behavior* 42 (6), 1053–62.

Chapter 5 女孩與學校

- statistics show that girls Voyer, D., and Voyer, S. D. (2014). Gender differences in scholastic achievement: A meta-analysis. *Psychological Bulletin* 140 (4), 1174–204.
- As high school students Livingston, A., and Wirt, J. *The Condition of Education 2004 in Brief* (NCES 2004–076). U.S. Department of Education, National Center for Education Statistics (Washington, DC: U.S. Government Printing Office, 2004).

  Office for Civil Rights. (2012, June). Gender equity in education: A data snapshot. U.S. Department of Education. Retrieved from ed.gov/about/offices/list/ocr/docs/gender-equity-in-education.pdf.
- in college, women Autor, D., and Wasserman, M. (2013). *Wayward Sons: The emerging gender gap in labor markets and education* (Rep.). Washington, DC: Third Way. Retrieved from economics.mit.edu/files/8754.

  Bauman, K., and Ryan, C. (2015, October 7). Women now at the head of the class, lead men in college attainment. Retrieved from census.gov/newsroom/blogs/random--samplings/2015/10/women-now-at-the-head-of-the-class-lead-men-in-college--attainment.html.

  Digest of Education Statistics—National Center for Education Statistics. (2015, September). Bachelor's, master's, and doctor's degrees conferred by postsecondary institutions, by sex of student and discipline division: 2013–14. Retrieved from nces.ed.gov/programs/digest/d15/tables/dt15_318.30.asp?current=yes.
- feeling stressed by school Murberg, T. A., and Bru, E. (2004). School-related stress and psychosomatic symptoms among Norwegian adolescents. *School Psychology International* 25 (3), 317–22.
- study people's mindsets Crum, A. J., Salovey, P., and Achor, S. (2013). Rethinking stress: The role of mindsets in determining the stress response. *Journal of Personality and Social Psychology* 104 (4), 716–33.
- close friend move away Park, D., Yu, A., Metz, S. E., et al. (2017). Beliefs about stress attenuate the relation among

adverse life events, perceived distress, and self--control. Child Development. doi.org/10.1111/cdev.12946.

- bodily response to stress Jamieson, J. P., Nock. M. K., and Mendes, W. B. (2012). Mind over matter: Reappraising arousal improves cardiovascular and cognitive responses to stress. *Journal of Experimental Psychology: General* 141 (3), 417–22.
- more time fretting Giota, J., and Gustafsson, J. (2017). Perceived demands of schooling, stress and mental health: Changes from grade 6 to grade 9 as a function of gender and cognitive ability. *Stress and Health* 33 (3), 253–66.

  Murberg, T. A., and Bru, E. (2004).

  Silverman, W. K., La Greca, A. M., and Wasserstein, S. (1995). What do children worry about? Worries and their relation to anxiety. *Child Development* 66 (3), 671–-86.
- take to heart Roberts, T. (1991). Gender and the influence of evaluations on self--assessments in achievement settings. *Psychological Bulletin* 109 (2), 297–308.
- Years of research confirm Burnett, J. L., O'Boyle, E. H., VanEpps, E. M., et al. (2013). Mind-sets matter: A meta-analytic review of implicit theories and self-regulation. *Psychological Bulletin* 139 (3), 655–701.
- care more about pleasing Pomerantz, E. M., Altermatt, E. R., and Saxon, J. L. (2002). Making the grade but feeling distressed: Gender differences in academic performance and internal distress. *Journal of Educational Psychology* 94 (2), 396–404.

  Pomerantz, E. M., Saxon, J. L., and Kenny, G. A. (2001). Self-evaluation: The development of sex differences. In G. B. Moskowitz (Ed.), *Cognitive Social Psychology: On the tenure and future of social cognition.* Mahwah, NJ: Erlbaum, pp. 59–74.

  Pomerantz, E. M., and Ruble, D. N. (1998). The role of maternal control in the development of sex differences in child self-evaluative factors. *Child Development* 69 (2), 458–78.
- attuned to our moods McClure, E. B. (2000). A meta-analytic review of sex differences in facial expression processing

and their development in infants, children, and adolescents. *Psychological Bulletin* 126 (3), 424–53.

- unwittingly signal disappointment Levering, B. (2000). Disappointment in teacher--student relationships. *Journal of Curriculum Studies* 32 (1), 65–74.
- hand-wringing students Hewitt, P. L., Flett, G. L., and Mikail, S. F. (2017). *Perfectionism: A relational approach to conceptualization, assessment, and treatment*. New York: The Guilford Press, p. 22.
- girls are more disciplined Duckworth, A. L., and Seligman, M. E. P. (2006). Self--discipline gives girls the edge: Gender in self-discipline, grades, and achievement scores. *Journal of Educational Psychology* 98 (1), 198–208.
- sounds uncannily like Kay, K., and Shipman, C. (2014, May). The confidence gap. *The Atlantic*. Retrieved from theatlantic.com/magazine/archive/2014/05/the--confidence-gap/359815/.
- willingness to overprepare Credit for connecting the dots between how girls operate at school and how they later operate in the workplace goes to Nancy Stickney, a member of my community who attended a local talk where I addressed the importance of helping girls take a tactical approach to their schoolwork. Ms. Stickney reached out to me afterward to note that she'd seen the exact same phenomenon among women in her corporate career.
- put themselves forward Kay, K., and Shipman, C. (2014). *The Confidence Code: The science and art of self-assurance—what women should know*. New York: HarperCollins.
- effective learning techniques Dunlosky, J., Rawson, K. A., Marsh, E. J., et al. (2013). Improving students' learning with effective learning techniques: Promising directions from cognitive and educational psychology. *Psychological Science in the Public Interest* 14 (1), 4–58.
- half of the students   Office for Civil Rights. (2012, June).

Voyer, D., and Voyer, S. D. (2014). This large-scale survey of the available research found that, for math and science courses, elementary school girls get the same grades as boys in math and get better grades in science; middle and high school girls get better grades than boys in both fields; college-aged women get better grades in math and the same grades in science.

- teachers believe math Riegle-Crumb, C., and Humphries, M. (2012). Exploring bias in math teachers' perceptions of students' ability by gender and race/ethnicity. *Gender and Society* 26 (2), 290–322.
- students in biology classes National Science Board. (2018). *Undergraduate education, enrollment, and degrees in the United States* (Rep.). Science and Engineering Indicators.
- men in those courses Grunspan, D. Z., Eddy, S. L., Brownell, S. E., et al. (2016). Males underestimate academic performance of their female peers in undergraduate biology classrooms. *PLoS ONE* 11 (2): e0148405.
- evaluate application materials Moss-Racusin, C. A., Dovidio, J. F., Brescholl, V. L., et al. (2012). Science faculty's subtle gender biases favor male students. *PNAS* 109 (41), 16474–79.
- discriminated against at school Nguyen, H. D., and Ryan, A. M. (2008). Does stereotype threat affect test performance of minorities and women: A meta-analysis of experimental evidence. *Journal of Applied Psychology* 93 (6), 1314–34.
- talking about the biases Johns, M., Schmader, T., and Martens, A. (2005). Knowing is half the battle: Teaching stereotype threat as a means of improving women's math performance. *Psychological Science* 16 (3), 175–79.
- false negative stereotype McGlone, M. S., and Aronson, J. (2007). Forewarning and forearming stereotype-threatened students. *Communication Education* 56 (2), 119—33.
- elevated rates of anxiety Nelson, J. M., and Harwood, H. (2011). Learning disabilities and anxiety: A meta-analysis. *Journal of Learning Disabilities* 44 (1), 3–17.
- second and third graders Shaywitz, S. E., Shaywitz, B. A., Fletcher, J. M., and Escobar, M. D. (1990). Prevalence of reading disability in boys and girls: Results of the Connecticut longitudinal study. *Journal of the American Medical Association* 264 (8), 998–1002.
- likely to be inattentive Rucklidge, J. J. (2010). Gender differences in attention--deficit/hyperactivity disorder. *Psychiatric Clinics of North America* 33 (2), 357–73.

Biederman J., Mick, E., Faraone, S. V., et al. (2002). Influence of gender on attention deficit hyperactivity disorder in children referred to a psychiatric clinic. *The American Journal of Psychiatry* 159 (1), 36–42.

- fail to gain admission Stanford, for instance, admitted 16 percent of its applicants in 1996 and only 4.7 percent in 2017.

Stanford University, News Service. (1996, June 3). *Stanford's 'yield rate' increases to 61.4 percent* [Press release]. Retrieved from news.stanford.edu/pr/96/960605classcentu.html.

Stanford University. (2017, August). *Our selection process*. Retrieved from admission.stanford.edu/apply/selection/profile.html.

As admission rates have dropped, more and more students enroll in more and more Advanced Placement courses in order to gain a competitive edge. In 1997, 566,720 students took a total of 899,463 AP exams. In 2017, 2,741,426 students took a total of 4,957,931 AP exams.

College Board. (1997). *AP data—archived data* (Rep.). Retrieved from research.collegeboard.org/programs/ap/data/archived/1997.

College Board. (2017). *Program summary report* (Rep.). Retrieved from secure--media.collegeboard.org/digitalServices/pdf/research/2017/Program-Summary--Report-2017.pdf.

- Renée Spencer and her colleagues Spencer, R., Walsh, J., Liang, B., et al. (2018). Having it all? A qualitative examination of affluent adolescent girls' perceptions of stress and their quests for success. *Journal of Adolescent Research* 33 (1), 3–33.
- A 2006 study Kahneman, D., Krueger, A. B., Schkade, D., et al. (2006). Would you be happier if you were richer? A focusing illusion. *Science* 312 (5782), 1908–10.
- Happy grown-ups believe Ryff, C. D., and Keyes, L. M. (1995). The structure of psychological well-being revisited. *Journal of Personality and Social Psychology* 69 (4), 719–27.

- a list of values Ciciolla, L., Curlee, A. S., Karageorge, J., and Luthar, S. S. (2017). When mothers and fathers are seen as disproportionately valuing achievements: Implications for adjustment among upper middle class youth. *Journal of Youth and Adolescence* 46 (5), 1057–75.
- replicated what other research Luthar, S. S., and Becker, B. E. (2002). Privileged but pressured? A study of affluent youth. *Child Development* 73 (50), 1593–610.

Chapter 6 女孩與文化

- less damning, less permanent To be sure, guys contend with their own set of threatening words. Boys, unfortunately, are encouraged by our culture to conform to ultra-macho ideals. They learn to aggressively enforce this standard by questioning one another's masculinity and heterosexuality with slurs such as *pussy, fag*, *homo*, and so on. Boys also use *bitch* as a provocative insult, but the term takes on a different meaning when traded between boys than when leveled at a girl. Specifically, when one boy calls another a bitch, the slur falls somewhere between likening him to a girl and to a submissive girlfriend (as in, "being someone's bitch").
- engage in grinding rumination Jose, P. E., and Brown, I. (2008). When does the gender difference in rumination begin? Gender and age differences in the use of rumination by adolescents. *Journal of Youth and Adolescence* 37 (2), 180–92.
- bumper crop of research There's a robust research literature supporting my friend's point that women are often punished in professional settings when they engage in the "assertive" behavior that is rewarded, or at least not considered to be problematic, in men. For example:

  Salerno, J. M., and Peter-Hagene, L. (2015). One angry woman: Anger expression increases influence for men, but decreases influence for women, during group deliberation. *Law and Human Behavior* 39 (6), 581–92.

Rudman, L. A., Moss-Racusin, C. A., Phelan, J., and Nauts, S. (2012). Status incongruity and backlash effects: Defending the gender hierarchy motivates prejudice against female leaders. *Journal of Experimental Social Psychology* 48 (1), 165–79.

Phelan, J. E., Moss-Racusin, C. A., and Rudman, L. A. (2008). Competent yet out in the cold: Shifting criteria for hiring reflect backlash toward agentic women. *Psychology of Women Quarterly* 32 (4), 406–13.

- documented in numerous studies For example, Sagar and Schofield found that ambiguously hostile behaviors were rated by preadolescents as more "mean and threatening when the perpetrator was black than when he was white." Similarly, Hugenberg and Bodenhausen found that some European Americans "are biased to perceive threatening affect in Black but not White faces, suggesting that the deleterious effects of stereotypes may take hold extremely early in social interaction."

Sagar, H. A., and Schofield, J. W. (1980). Racial and behavioral cues in black and white children's perceptions of ambiguously aggressive acts. *Journal of Personality and Social Psychology* 39 (4), 590–98.

Hugenberg, K., and Bodenhausen, G. V. (2003). Facing prejudice: Implicit prejudice and the perception of facial threat. *Psychological Science* 14 (6), 640–43.

- According to the report Onyeka-Crawford, A., Patrick, K., and Chaudhry, N. (2017). *Let her learn: Stopping school pushout for girls of color* (Rep.). Washington, DC: National Women's Law Center, p. 3.
- apologize too much Crosley, S. (2015, June 23). Why women apologize and should stop. T*he New York Times*. Retrieved from nytimes.com/2015/06/23/opinion/when--an-apology-is-anything-but.html.
- known as uptalk Fendrich, L. (2010, March 12). The valley-girl lift. *The Chronicle of Higher Education*.
- sprinkling sentences with *just*. Leanse, E. P. (2015, June 25). Google and Apple alum says using this word can damage your credibility. B*usiness Insider*.
- Naomi Wolf published Wolf, N. (2015, July 24). Young women, give up the vocal fry and reclaim your strong female

voice. *The Guardian*. Retrieved from theguardian.com/commentisfree/2015/jul/24/vocal-fry-strong-female-voice.

- published a sharp rejoinder Cameron, D. (2015, July 27). An open letter to Naomi Wolf: Let women speak how they please. In These Times. Retrieved from inthesetimes.com/article/18241/naomi-wolf-speech-uptalk-vocal-fry.
- colleagues in academic linguistics High-rising terminal declarative, eh? (1992, January 19). *The New York Times*. Retrieved from nytimes.com/1992/01/19/opinion/l-high-rising-terminal-declarative-eh-061992.html.
- "improving your relationship" Ury, W. (2007). *The Power of a Positive No: How to say no and still get to yes*. New York: Bantam.
- damaging a meaningful connection Of course boys care about their relationships, too, and though guys, far more than girls, can be rude without consequence, why should they be allowed this margin? We should, of course, raise our sons to have polite and adept verbal Swiss Army knives, too.
- have long articulated The humanities are replete with the theme of the divided self. Horace (65–8 BC), the Roman poet, wrote a particularly amusing satire describing his efforts to be polite to a clingy and cloying fan whom he wanted to tell off:

By chance I was strolling the Sacred Way, and musing,
As I do, on some piece of nonsense, wholly absorbed,
When up runs a man I know only by name, who grabs
Me by the hand, crying: 'How do you do, dear old thing?'
'Fine, as it happens,' I answer, 'and best wishes to you.'
As he follows me, I add: 'You're after something?'
He: 'You should get to know me better, I'm learned.'
I: 'I congratulate you on that.' Desperately trying
To flee, now I walk fast, now halt, and whisper a word

In the ear of my boy, as the sweat's drenching me
Head to foot. While the fellow rattles on, praising
Street after street, the whole city, I silently whisper,
'Oh Bolanus, to have your quick temper!' Since I'm not
Replying, he says: 'You're dreadfully eager to go:
I've seen that a while: but it's no use: I'll hold you fast:
I'll follow you wherever you're going.' 'No need
For you to be dragged around: I'm off to see someone
You don't know: he's ill on the far side of Tiber,
Near Caesar's Garden.' 'I've nothing to do, I'm a walker:
I'll follow.' Down go my ears like a sulky donkey,
When the load's too much for his back.
Satires: Book I, Satire IX (Translated by A. S. Kline)

- phenomenon in theatrical terms Social scientist Erving Goffman also worked with the analogy of a front and back stage in his highly intelligent and historically bound treatise The Presentation of the Self in Everyday Life (1959) (New York: Anchor Books). Goffman's elaborate dissection of human interaction goes far beyond my simple likening of our public and private personas to the activity of the front and back stage.
- comment on girls' appearance Karraker, K. H., Vogel, D. A., and Lake, M. A. (1995). Parents' gender-stereotyped perceptions of newborns: The eye of the beholder revisited. *Sex Roles* 33 (9/10), 687–701.
  Rubin, J. Z., Provenzano, F. J., and Luria, Z. (1974). The eye of the beholder: Parents' views on sex of newborns. *American Journal of Orthopsychiatry* 44 (4), 512–19.
- industry spends $13 billion Advertising spending in the perfumes, cosmetics, and other toilet preparations industry in

the United States from 2010 to 2017 (in million U.S. dollars). (2017). Retrieved from statista.com/statistics/470467/perfumes--cosmetics-and-other-toilet-preparations-industry-ad-spend-usa/.

- remains persistently preoccupied Rogers, K. (2016, August 18). Sure, these women are winning Olympic medals, but are they single? *The New York Times*. Retrieved from nytimes.com/2016/08/19/sports/olympics/sexism-olympics-women.html.

Fahy, D. (2015, March 16). Media portrayals of female scientists often shallow, superficial. Retrieved from blogs.scientificamerican.com/voices/media-portrayals--of-of-female-scientists-often-shallow-superficial/.

- erode her intellectual abilities Kahalon, R., Shnabel, N., and Becker, J.
- gusts of subtle bias Sue, D. W., Capudilupo, C. M., Torino, G. C., et al. (2007). Racial microaggressions in everyday life: Implications for clinical practice. *American Psychologist* 62 (4), 271–86.
- Scholars have documented Zeiders, K. H., Doane, L. D., and Roosa, M. W. (2012). Perceived discrimination and diurnal cortisol: Examining relations among Mexican American adolescents. *Hormones and Behavior* 61 (4), 541–48.

Jackson, L., Shestov, M., and Saadatmand, F. (2017). Gender differences in the experience of violence, discrimination, and stress hormone in African Americans: Implications for public health. *Journal of Human Behavior in the Social Environment* 27 (7), 768–78.

Brody, G. H., and Lei, M. (2014). Perceived discrimination among African American adolescents and allostatic load: A longitudinal analysis with buffering effects. *Child Development* 85 (3), 989–1002.

Berger, M., and Sarnyai, Z. (2014). "More than skin deep" : Stress neurobiology and mental health consequences of racial discrimination. *Stress: The International Journal on the Biology of Stress* 18 (1), 1–10.

- a lot of mental energy Sellers, R. M., Copeland-Linder, N., Martin, P. P., and Lewis, R. L. (2006). Racial identity matters: The relationship between racial discrimination and psychological functioning in African American adolescents. *Journal of Research on Adolescence* 16 (2), 187–216.

- having a supportive family Brody, G. H., Chen, Y., Murry, V. M., et al. (2006). Perceived discrimination and the adjustment of African merican youths: A five-year longitudinal analysis with contextual moderation effects. *Child Development* 77 (5), 1170–89.

  Elmore, C. A., and Gaylord-Harden, N. K. (2013). The influence of supportive parenting and racial socialization messages on African American youth and behavioral outcomes. *Journal of Child and Family Studies* 22 (1), 63–75.

  Brody, G. H., Miller, G. E., Yu, T., et al. (2016). Supportive family environments ameliorate the link between racial discrimination and epigenetic aging. *Psychological Science* 27 (4), 530–41.
- engage with the painful realities Irving, D. (2014). *Waking Up White, and Finding Myself in the Story of Race*. Cambridge, MA: Elephant Room Press.

  Bergo, B., and Nicholls, T. (Eds.) (2015). *"I Don't See Color": Personal and critical perspectives on white privilege*. University Park: Pennsylvania State University Press.

高寶書版集團
gobooks.com.tw

FU 101
我們的女兒怎麼了？
心理學博士給家長的解憂指南，陪伴現代青少女與壓力共處，化解焦慮，度過情緒平衡的快樂青春期
作　　者　麗莎・達摩爾博士（Lisa Damour）
譯　　者　曾倚華
責任編輯　陳柔含
校　　對　林子鈺
封面設計　黃馨儀
內頁排版　賴姵均
企　　劃　方慧娟

發 行 人　朱凱蕾
出　　版　英屬維京群島商高寶國際有限公司台灣分公司
　　　　　Global Group Holdings, Ltd.
地　　址　台北市內湖區洲子街88號3樓
網　　址　gobooks.com.tw
電　　話　(02) 27992788
電　　郵　readers@gobooks.com.tw（讀者服務部）
　　　　　pr@gobooks.com.tw（公關諮詢部）
傳　　真　出版部　(02) 27990909　行銷部 (02) 27993088
郵政劃撥　19394552
戶　　名　英屬維京群島商高寶國際有限公司台灣分公司
發　　行　英屬維京群島商高寶國際有限公司台灣分公司
初版日期　2020年11月

國家圖書館出版品預行編目(CIP)資料

我們的女兒怎麼了？：心理學博士給家長的解憂指南，陪伴現代青少女與壓力共處，化解焦慮，度過情緒平衡的快樂青春期 / 麗莎.達摩爾著；曾倚華譯. -- 初版. -- 臺北市：高寶國際出版：高寶國際發行, 2020.11
　面；　公分. -- (未來趨勢學習；FU 101)
譯自：Under pressure : confronting the epidemic of stress and anxiety in girls

ISBN 978-986-361-921-5(平裝)

1.青少年心理　2.青春期　3.焦慮　4.婦女健康

528.2　　108020879

GOBOOKS
& SITAK
GROUP ©